Koichi Nakano
中野晃一＝著
中野真紀子＝訳

野党が政権に就くとき

地方分権と民主主義

人文書院

野党が政権に就くとき

目次

第6章　野党が政権に就いたとき

野党が政権に就くとき——地方分権と民主主義

PARTY POLITICS AND DECENTRALIZATION IN JAPAN AND FRANCE:
When the Opposition Governs
by Koichi Nakano

Japanese translation published by arrangement with Taylor & Francis Group
through The English Agency (Japan) Ltd.

序

本書は、野党、政党間競争、そして政権交代という政党政治の力学が、自由民主主義の深まりに寄与するメカニズムを解明しようと試みるものである。具体的な事例研究として、一九八〇年代のフランスと一九九〇年代の日本における地方分権改革の政治過程を取り上げた。

フランスでは、一九八一年に社会党のフランソワ・ミッテランが大統領に当選、ついで国民議会の多数派を占め、政権をあげて地方分権を推進した。日本では、一九九三年に細川護煕を首班とする非自民党の七党連立内閣が成立、地方分権改革を含む一連の改革アジェンダを提示した。その後まもなく自民党が政権復帰したものの、社会党の村山富市を首相に擁立した連立内閣において、地方分権改革が大きな進展を見せた。

日本とフランスはともに、エリート主義的な国家官僚制が中央集権的な近代化プロセスを主導した典型例として世界的に知られ、戦後も長きにわたって保守支配がつづくなか、この伝統は維持、強化されていた。フランスでは一九五八年にシャルル・ド・ゴールが第五共和政を樹立してからというもの、社会党は八一年まで野党の座に甘んじるほかなかったのである。日本では、一九五五年に保守合同により結成された自民党が一九九三年まで三八年間一党支配をつづけた間、社会党は万年野党と揶揄された。

本書で注目するのは、日仏の社会党という野党が、ともに数十年の在野を経てようやく政権を獲得するに至った時、初めて歴史に残る地方分権改革が推し進められたという事実である。フランスの場合は、半大統領制として知られる政治制度のもと、大統領ポストのみならず下院（国民議会）の多数派も獲得した明快な政権交代の結果、保守勢力の牙城たる上院に一定程度譲歩しつつも、強力に地方分権法制の整備を成し遂げた。これに対して、日本の社会党は逆に党勢が衰退しつつも議院内閣制における連立政権の枠組みのなかで政権復帰を果たすという皮肉な状況で、精一杯、地方分権を推進した。本書では、政権交代と連立政権入りという日仏の違いが政策過程や政策結果にもたらした影響についても詳細に論じる。

しかし、そもそもなぜ日仏それぞれの社会党が地方分権改革を推し進めることになったのか。実は、本書のもっとも重要な問いはここにあると言っても差し支えない。社会主義政党は、計画経済や主要産業の国有化・国営化を志向するそのイデオロギーからして、本来、中央集権的であり、日仏においてもそれは同じことであった。どちらの社会党も、もともと、地方分権政策を訴えていたわけではないのである。

本書で指摘するのは、野党（opposition）経験が日仏社会党双方の政策転換に決定的であったことである。国政選挙で敗北を重ねつつもブレイクスルーをめざし、政策刷新を行わざるを得なかった両党は、強力な政権与党を支える官僚主義的な中央集権体制に対する批判を強め、また都市圏を中心に地方選挙における勝利を通じて徐々に党勢を立て直すなかで、市民生活により近接した地方自治体への分権を主張するようになったのである。日本とフランスに限らず、イタリアやイギリスにおいても同様の政策転換が野党時代の中道左派政党に見られたことを本書の最終章で論じる。

また、本書で詳細に扱うのは地方分権政策だが、これに限らず、より広範に「野党的oppositional」と呼べるような、自由民主主義を深化させる一群の政策があることも、本書の中心的な主張である。政策の対立軸は、通常、左右ないし保革で設定されるが、政党間競争は必ずしも左右・保革の水平な土俵の上で行われるものではない。現実の政党間競争が（とりわけ議院内閣制において）与党対野党の構図のなかで展開されることを、これまでの政治学や選挙研究は軽視しがちであったと言えるのではないか。

選挙を迎えるにあたって、現に政権を掌握している与党に有利な条件があまた揃っている一方、政権に付随する政治資源を動員することができない野党は逆に政権批判（つまりopposeすること）で対抗せざるを得ない。統治者（government）に対する被統治者（governed）すなわち市民の不満やニーズを汲み取ることで支持拡大を図るわけである。こうして考えると、中央政府の権限を地方自治体や市民社会に委譲する地方分権のほか、情報公開や行政府に対する立法府のチェック機能の強化など、行政府の民主的統制やより広範な市民の政治参加を強め、自由民主主義の深化に寄与する政策は、与党が本気で主張する政策になりにくい「野党的な」政策と言え、実際に左右イデオロギーとは別に、政府に対するチャレンジャーたる野党によって唱えられる傾向の強い政策としてとらえることが可能であろう。

そしてその後、野党だった政党が政権交代を成し遂げたり、あるいは連立政権入りを果たしたりした時、今度はせっかく掌握した権力を抑制したり、一部を手放したりする政策であるにもかかわらず、政党間競争の勢いにかられて、少なくとも一定程度、公約として掲げていた政策を推進することになるのである。こうして、日仏両国における地方分権改革の政治過程を事例として、野党、政党間競争、政権交代が自由民主国家において、いっそうの民主化を進めるメカニズムとして作用することを本書では論じる。

言い換えれば、野党がしっかりと政権批判をせず、政党間競争が持ちつ持たれつの出来レースと化してしまい、政権交代が起きないような政治システムでは、自由民主主義は形骸化し、その民主的な実質が失われてしまう危険があるのである。

自由民主主義にとっての野党の重要性は、むろん、これまでも政治学のなかで指摘されてきた。しかし、たとえばロバート・ダールによる民主主義論の古典『ポリアーキー』のように、野党・反対（opposition）の意義は自由民主主義のなかでも民主主義そのものよりも主として自由主義との関連で論じられてきたと言えるだろう。

ダールは、民主化には「自由化」と「包括性」というふたつの座標軸（次元）があるとし、これら双方が実現している政治体制を「ポリアーキー」と称したが、これは普通の言葉で言えば自由民主主義体制のことである。自由化は、「反対」や「公的異議申し立て」とも言い換えられ、政権与党に反対し競合する政治勢力すなわち野党が許容され、政権の座をめぐる多元的な政党間競争が常態化していることを指し、他方、包括性は「参加」ないし「大衆化」、つまり政治参加の機会が広く市民に与えられていることを指している。換言すれば、前者の座標軸が自由主義、後者が民主主義、そしてこのふたつを合わせて自由民主主義体制の二条件ということになる。

今日なお主流をなす民主主義観を基礎づけたヨーゼフ・シュンペーターに至っては、選挙を通じた自由主義的な政党間競争こそが民主主義にほかならないと主張した。シュンペーターは、競争的な選挙を通じて有権者の支持を集めたリーダーたちが政策決定を行う制度を「もうひとつの民主主義」と標榜し、民意の実現、すなわち市民たちが自ら政策判断を行い、共通善の実現を自ら選出した代理人に託す制度をもって民主主義の中核とする従来の理解に異論を唱えたのである。

この理解によれば、民主主義と言ってもその実質は、有権者が異なる（しかも通常はふたつに限られた）選択肢のなかからどちらかを政府として選ぶことにとどまるのであって、政党間競争や選挙を通じて民意や共通善が追求されることは絵空事として一顧だにされない。言い換えれば、シュンペーターにとって自由民主主義とは二大政党間の自由主義的な競争を通じて有権者が政府を選ぶことに尽きるのであって、選挙における政権選択以外の民主的な政治参加については否定的でさえある。

これらの先行研究と対照的に、本書ではむしろ野党が政党間競争や政権交代を通じ民意や共通善を追求することの民主主義的な意義を強調する。つまり、政党間競争は、単に有権者にいわば「既製品」的な政権オプション（政策メニューなど）を提示し「購買」を迫る「市場」ではなく、政治資源面ではるかに有利な政府与党に対峙する野党が、民意の所在を探し求め、有権者自身の声をより広く深くすくい上げる、いわば「オーダーメイド」的な参加を模索するプロセスでもありうるのである。

今日、あえて本書を世に問う意味としては、一九九四年に小選挙区制が導入されて以降、とりわけ日本において新自由主義的とも言えるシュンペーター流の自由民主主義観が広く一般に浸透してしまい、ともすれば政党間競争を通じた野党による民主主義の深化が等閑視される傾向が強いことがあげられる。「政権担当能力」というかなり意味内容の怪しい言葉が喧伝され、野党の存在意義があたかも「代替与党」としてしかないかのような状況がつづいてきたと言わざるを得ない。主要政策や政治手法に関して大幅な現状追認を前提にしない限り、野党は「反対や批判ばかりで現実的でない」と論評され、「政権担当能力のなさが危ぶまれる」というまことしやかな誹謗を繰り返し受けてきた。

一九九〇年代以降の政界再編過程を振り返っても、当初、新党さきがけなどにみられた被統治者の政治参加や統治者に対する民主的統制を強めるような「政府の民主化」を推し進める政策主張は、次第に青くさい書生論として敬遠されるようになり、民主党が最大の野党として成長していくなかで「政治主導」は「政治家主導」（首相や政務三役が官僚制に対してリーダーシップを発揮すること）に矮小化されていってしまった。

ただ、新党さきがけが主張していたような市民社会や国会による行政府の民主的統制の強化という視点は失われたにしても、民主党はそれでも選挙で問うたマニフェストにもとづき、「政治主導」を掲げ行政府内の官僚制に対する民主的統制を強めようという発想で一連の改革に取り組んだと言えよう。問題は、政権獲得のプロセスで確固とした支持層を形成していくことなく、支持母体となるような中間団体としては連合くらいしかない「風頼み」に終始したという意味で、新政権を支える民主的刷新はきわめて希薄なものと言わざるを得ないことであった。これが一度「風向き」が変わると、たちまち民主党政権の支持基盤の脆弱さが暴かれてしまうことにつながった。

新自由主義的な政党間競争モデルを内面化していた民主党は、有権者に「受ける」政策をマニフェストに入れ込むことによって支持拡大を図るにとどまり、市民社会の中間団体や運動体との対話を通じて政策を練り上げつつ、強いコミットメントをともなう支持を調達することについてはさほど関心がなかったのである。その結果、官僚制や財界、保守メディアなど自民党政権を支えてきた勢力からの反撃が強くなると瞬く間に分断され、一時的に高まった支持も雲散霧消してしまった。自民党政権の復帰を許すと、政治の民主化を進展させるどころか、かえって野党総崩れとなって、政党間競争という規律が働かず、政権交代のめども立たない、荒れ果てた焦土のような政党システムを残すに至ってしまった。

さらにこの頃から、みんなの党、日本維新の会、そしてのちの希望の党などのような「反対しない野党」つまり政権与党を補完し、その政策を加速させる擬似野党が政党間競争の政権与党に対するチェック機能をさらに弱体化させてしまっている。新旧メディアと連動した新自由主義的ポピュリズム勢力という「徒花《あだばな》」の存在が、今日なお、日本において、政権与党に正面から反対（oppose）することを通じて、より民主的なオルタナティブ（alternative）を提示する野党勢力の形成を困難なものにしていることは否めない。

そのようななかで、二〇一二年一二月に政権復帰した安倍晋三自公連立内閣の暴走が止まらない状況がつづいている。政党間競争のチェックが働かなくなった結果、選挙公約も無意味となり、政権交代の見通しがない「安倍一強」と言われる状況のもと、「政治主導」どころか、立憲主義や法の支配のタガを外して首相とその側近たちが官僚制をほしいままに使い倒してしまう事態が到来してしまったのである。特定秘密保護法、安保法制、共謀罪法などを次々と成立させただけでなく、国会における虚偽答弁、官僚制による組織的な隠蔽工作、データ捏造、公文書改竄などが横行するようになり、まさに自由民主主義が危機に瀕している。

選挙で自公政権与党を合わせて圧倒的な多数を得ていることをもって、安倍政権は民主的な正当性を主張するわけだが、実際には、野党の分断、投票率の低迷、そして小選挙区制の歪みの三つの要因によって、得票率から著しく乖離し「水増し」された議席数を獲得しているにすぎない。安倍自民党は、二〇一二年一二月、二〇一四年一二月、二〇一七年一〇月と三回つづけて公明党と合わせて議席の三分の二を超える圧勝を遂げているが、二〇〇九年八月に民主党に惨敗し下野した際に麻生自民党が獲得した得票数を下回りつづけていることが何よりも明確にこのことを裏書きしている。

このような状況に直面し、目下、広範な市民の政治参加を喚起し、野党が民主的刷新を引き起こすことを通じて、有権者とともに新たなオルタナティブを形成することが模索されている。本書が明らかにした政党間競争と政権交代のメカニズムを踏まえるならば、立憲民主党を中心とした野党が、政治に背を向けてしまった市民層を呼び戻すプロセスとして、「政府の民主化」を掲げる「野党的」な共通政策をひとつの核とした市民と野党の共闘態勢を構築することに、日本の自由民主主義がふたたび息を吹き返し、前に進むことができるかがかかっていると言えるだろう。

第1章　「野党的政策」としての地方分権

地方分権は本来、中央政府が進めるには「奇妙な」政策であると言えるだろう。なぜなら、政治の本質に権力闘争が抜きがたくあるならば、せっかく苦労して勝ち取った権力をむざむざ譲り渡したいなどと思うはずがないからである。「実際の歴史の記録を見れば、政治的な地方分権（行政機能の地方分散ではなく）はきわめて異例なできごとであり、起こるとすれば憲法が大きく変化したり革命が起きたりした時ぐらいである」と、イタリアにおける地域圏への分権を研究したロバート・パットナム（Robert Putnam）らも述べている（Leonardi et al. 1981: 95）。

地方分権が実現するのは、中央政府と地方政府の双方が、同じ政党や政治勢力によって支配されているときだという説がある。たしかに、どうせ権力をよそに委譲するくらいなら、敵対する政治勢力よりも仲間や支持者にした方がましというのはあるだろう。しかし、同じ政党の仲間に権力を譲る方が抵抗が少ないというのは理解できるにしても、そもそもなぜそんなことをわざわざしなくてはならないのかは自明ではない。同じ政党のなかでも権力闘争は付き物であり、同じ政治勢力内であってもライバルに譲るより、自分が掌握した権力は自らの手中に置いておこうとする方が自然に思われる。

もちろん政治家と言えど単なる権力の亡者ではなく、自らの政治理念やイデオロギーに基づいて自己的な利害を超えた政策を推し進めることもありえるという議論もあるだろう。本書でも思想や信条の役割を否定するわけではないが、一つ指摘しておきたいのは、こと地方分権の問題については、右派と左派のあいだに明確なイデオロギー対立がないことだ。伝統的には、地方分権の主張はむしろ保守陣営と親和的なものとされることが珍しくない。なぜなら保守は前近代的な地方秩序の温存に好意的な傾向が強いからである。しかし現実の政治では、もともとは国家に権限を集中し、近代化を合理的、計画的に推し進めようとするものと見なされがちな革新側が、地方に権限を委譲することもしばしば見られている。地方分権はまた、新自由主義を標榜し、小さな中央政府のもとで地方公共団体が競い合う状況に自由市場との相似を見る新右派勢力にもてはやされている。このように、イデオロギーに動機を求める解釈では、なぜ、どのように、異なるイデオロギーが地方分権の概念を奉じるようになるのかという疑問に回答を見出すことはできない。

本書の中心的な主張は、権力をめぐる政党間競争こそが地方分権を推進する、というものである。地方分権は、本質的に「野党的な」政策であり、通常は在野の政党によって

（時には本来のイデオロギー的信念に反していても）主張され、政権奪取のあかつきにアジェンダ化されるに至り、新たに政権を獲得した結果、もはやその政党の党派的な利害に反するようになってしまっても推進されることがある。端的に言えば、地方分権は政権交代が起きたときに実現し、逆に、同じ政党が政権に長く居座りつづける限り実現しにくい。

こうした意味で、地方分権は「野党的な政策」であり、政党間競争、より具体的には政権交代によって強く条件づけられているのである。フランスでは、一九八一年に第五共和政で初めて出現した社会党政権が、中央集権的なフランスの政体を改めるために重要な地方分権改革に着手した。同様に日本では、一九九三年に三八年に及んだ自民党の一党支配が終わりを告げ、新たに迎えた連立政権の時代に、社会党出身の首相が率いた政権が重要な地方分権政策を推進した。

フランスと日本はともに、歴史的に中央集権的な近代化を進めてきたことで知られており、高圧的な中央エリート官僚が国家を政治的にも経済的にも、また文化的にも支配してきた。日仏双方において、この状況は第二次世界大戦後の長期にわたる保守政権支配のもとでほとんど変わらず、むしろ中央集権化がさらに進んだといえる。その後、両国における歴史的な政権交代によって、いずれも戦後史における最大の地方分権改革が実現したのであった。両国の違いとしては、フランスにおける分権改革が日本よりも徹底していたことがある。この二国の事例を本書で詳細に分析するに際して、地方分権政策の変化に政党政治が果たした決定的な役割を強調するとともに、それぞれの国に起きた結果に開きがあった理由も政党間競争の相互作用によって説明できることを指摘する。

地方分権の動きと要因

戦後、先進諸国において、地方分権への動きが注目されはじめたのは、一九七〇年代ごろのことであった。近代化のプロセスは概して中央集権的傾向が強く、そのなかで中央政府の役割や活動領域が拡大し、戦後期の経済復興過程においてもこうした傾向は顕著であった。これを完全に覆すまでには至らなくとも、対抗するような潮目の変化が起きたのであり、これを引き起こした主な原因として、以下のようないくつかの相互に関連するファクターが特定されているといえよう。

理念／アイデンティティ／イデオロギー

従来、政治史において典型をなす構図では、近代化を推進する勢力の中央集権的な傾向に対して、近代化に懐疑的な伝統主義者は封建制に根ざす地域アイデンティティに共感を抱き、地方分権を指向するものと理解されてきた。しかし現実には、後者のような保守的な立場から近代国家の中央集権的な政策に異議を唱えてきた者は相当に限られており、総じて合理主義的な近代化のプロセスは分権的な体制の後退を伴った。

先進諸国では、国家建設および国家主導の経済発展のための有無を言わさぬ中央集権化に反発して、一九七〇年代ごろからようやく地域アイデンティティやそれに付随する自治権の要求が表面化してきた。こうした要求は、それまでは永い眠りについていたか、抑圧されていたか、あるいは、存在すらしなかったものなのである。地域主義《リージョナリズム》の高まりは、深い歴史的なルーツを持つ前近代的な民族的・宗教的・言語的アイデンティティが復活した結果であった場合もあれば、より最近の地理的アイデンティティに基づいた経済的・政治的資源の配分の要求に根ざしたものである場合もあった（Amoretti & Bermeo, 2004 参照）。

新右派《ニュー・ライト》のイデオロギーが優勢になってきたことも、中央と地方の関係の潮目の変化に一役買ったといわれている。たとえば、デイヴィッド・ウォーカー（David B. Walker）は、一九七〇年代半ば以降の地方分権の動向を比較して、「多くの国々で福祉国家のコスト、運営、結果に幻滅が広がったことが、中央集権体制への攻撃と、時にはそれに伴う効果的な地方分権推進の動きを促した」と主張しているが、その一方で、「強力な民族宗教的、民族的、地域的アイデンティティが地理的に集中している場合は、それが過去四半世紀の分離主義的な活動を促す最強ファクターの一つであった」と認めている（1991: 126）。

社会経済的な変化

ロナルド・イングルハート（Ronald Inglehart）は、一九七〇年代からの「静かな革命」に関する一連の研究において、空前の経済成長と繁栄、教育水準の上昇、マスコミュニケーションの拡大などといった戦後期の社会経済の変化が、価値観の変化や政治的能力の分布の広がりを先進工業社会にもたらしたと指摘した（1971, 1977）。欧米社会において、高いレベルでの経済繁栄が達成され、総力戦の欠如によって身体的安全が確保されたことは、「ポスト物質主義」への価値観の変化をもたらし、共同体の一員であることや政治参加、生活の質、自尊心、自己表現などが重視されるようになったというのである。同時に、政治的能力や知識、関心が、より広範に一般大衆にいきわたり、彼らは重大な集団的意思決定においてより大きな役割を果たす能力と意欲を高めていった。

イングルハート自身の関心は、むしろ超国家的アイデンティティの形成や、欧州統合のプロセスにおける大衆参加の可能性といった方面にあったが、拡大する民衆の地方自治や重要なレベルでの政治参加の要求を説明する上で、彼の分析は示唆的である。現実に、環境保護主義からリージョナリズムに至るまで、ポスト物質主義的なさまざまな草の根の市民運動は、しばしばヨーロッパやその他の地域で増加する高学歴の都市中産階級によって担われてきた。

同じように社会経済の変化の影響についても、シャープ（L.J. Sharpe）が、とくに中央集権化傾向に注目し、地方分権をめざす動きは欧米で次第に強まる中央集権や均質化、社会統合に対する政治的な反動であると主張した（1979: 56-57）。「地方分権主義の政治は、標準化と一元化を推進する社会経済的な力に対する反動的な現象として見られているかもしれない……この政治システムは、均質化を強要する社会経済的な力に抵抗するために使われているのだ」。

同様に、マイケル・キーティング（Michael Keating）は、社会経済状況の変化に対する政治的対応を強調して、「自立をめざした持続的なリージョナリズムの政治動員は、開発の遅れた地域における近代化への抵抗ではなく、より開発が進みアイデンティティが維持された地域、とくに社会機構の発展がみられた地域に共通した現象のようだ」と指摘している（1988: 235）。

選挙戦略

政治エリートの合理的な計算に重点を置き、多くの学者たちが地方分権改革を選挙戦略として理解しようとした。

ヴィヴィアン・シュミット（Vivien Schmidt）は、フランスの地方分権に関する包括的な研究のなかで、一八七〇年代と一九八〇年代のふたつの異なる時期に行われた地方分権改革を、それぞれの時期に現れた新たな社会層を取り込むために支配層エリートが取った巧みな政治戦略だったという見方で理解しようとした（すなわち、一九世紀後半、レオン・ガンベッタ（Léon Gambetta）は中流所得層の農民や小売商人に訴えかけようと地方分権を進め、その一世紀後にフランソワ・ミッテランは中間クラスの管理職や労働者に忠誠を求めるべく、彼らの住む都市圏への分権に取り組んだというのである）（1990: 6-7）。

どちらの場合も、多数派与党が地方の自由を支持したことは、短期的に権力を維持するための合理的な政治計算の一部であり、それと同時に、長期的にも権力を保持するために新たな選挙協力体制をつくりあげるという卓抜した政治戦略の一環であった……どちらの世紀においても……地方分権への支持は、周辺部に勃興する社会政治集団を集めて新たな選挙協力体制を築くという左派の政治戦略の一部であった。

より最近では、多くのラテンアメリカ研究者がラテンアメリカにおける地方分権的な傾向を「選挙中心主義」の立場から分析している（Montero & Samuels 2004; Eaton 2006）。たとえばキャスリーン・オニール（Kathleen O'Neill）はアンデス諸国における地方分権の比較研究で、地方分権は政党が選挙における勝利の可能性を最大化しようとする合理的な行為であるとする理論を提唱した（2003）。オニールの主張の要点は、地方分権改革が実行されるのは、政権与党が「中央集権体制のもとでの国政選挙ではあまり強くないが、地方の選挙ではもっと強いと踏んでいる」場合であるというものだ（2003: 1075）。

政党政治と政策転換

上記要因のそれぞれが一九七〇年代以降の地方分権主義の傾向を説明する上で有益であることは否定しないが、そのうえで本書がめざすのは、在野の政党が構造的な条件に向き合いつつ、政権を取るために地方分権の主張を採用し推進する過程をたどることによって、構造に基づく視野と主体に基づく説明を組み合わせることである。

議会制民主主義の古典理論の前提では、定期的な選挙を通じた政党間の競争を、政府が被治者の利益に耳を傾けることを保証するための最善の制度的しかけとみなすのであるが、それとはまったく対照的に、実証主義的な政治学の主要文献は、政策変更に及ぼす党派政治の影響をほとんど無視している。実際、公共政策関連の文献と政党関連の文献の間には大きなギャップが広がっている。前者は政策プロセスにおける政党の役割を軽視する傾向にあり、後者は選挙戦や内閣の編成に焦点を当てるが、だいたいはそこで停まってしまい、実際の政策策定にはほとんど注意を払わない。

政策分析の分野で、政党の役割を取るに足らないものにしてしまうアプローチの代表例が、政策共同体理論である。政策共同体理論の中心教義は、政治指導者の交代は重要ではないということである。なぜなら、政策が作られたり、作られなかったりするのは「非公式」かつ「セグメント化された」政策共同体の世界においてであり、そこでは官僚や利益団体の政策専門家たちが集まって、どの政党が政権を握っているかに関係なく、自分たちのあいだで交渉と取引を行うからである[1]。こうした政策専門家は関連する政策共同体のいわば永住者のようなもので、彼らの前では政党政治家の重要性はかすんでしまう。おまけに、これらの政治共同体の常連たちは相互に近い関係にある（時には互換可能なほど）ために、彼らが任意の時点で交渉の席のどちら側に座っていたとしても、時の経過とともに共謀関係が発生することになり、その結果、彼らが生み出す政策には漸進主義の色合いが強くなり、時には現状維持主義とさえ言えるものになる。要は、スタイン・ロカン（Stein Rokkan）が主張するように、「選挙結果は統治スタッフの選択においては考慮されるが、当局が推進する実際の政策は他の人材が決定する」のだ（1966: 106）。政策立案に果たす政党の役割の軽視は、「ゴミ箱」モデルにおいても同様に目立っている。[2] たとえば、ジョン・キングドン（John Kingdon）は、合衆国連邦政府の政策策定プロセスに関する影響力のある研究のなかで、政策決定における政治家の相対的な重要性を強調しているものの、そこでの「政治」の役割は、「問題」や「政策」と並んで三つの異なる「ストリーム」を形成する一つにすぎないとしている（1995）。それぞれの「ストリーム」は互いにバラバラであり、たまたま政治的な危機や事件の結果「政策の好機」が訪れたときに、運よく結合するにすぎないのだ。しかし、「政権交代や国会の議席配分の変化、国民のムードの変化などといった政治的な事件はどれも、何がなされるべきかを具体的に明示することはない」（1995: 168）。言い換えれば、このモデルによれば、ストリームの結合は本質的に偶発的な事件であり、政党は、彼らが定義する特定の問題についての具体的な政策対案を用意する過程に、なんら意味のある結びつきを持たない。

だが、公共政策関連の文献を、政党と政策の関連を無視していると責めるのなら、政党研究の文献についても、民衆と政党の絆の「衰退」という、「代議制」についてのややナイーブな概念化から生じた問題に、過度の関心を寄せていることについて批判しなければなるまい。たしかに「政党は常に、議会制民主主義が正常に機能するために絶対に欠くことのできない活動をするいくつかの機構の一つ」(Montero & Gunther 2002: 2-3)であり、それゆえに民衆と政党の絆を研究することは価値ある取り組みであることに議論の余地はないのだが、代議員の役割だけが政党の機能では決してないことを思い出さなければならない(Bartolini & Mair 2001; Katz & Mair 2002)。このことは、議会制民主主義が決して、既存の社会的な分裂や民衆の選好を鏡のように反映するだけの政党の問題ではなかったことを考えてみればわかる(Schattschneider 1975)。今日の政党が、大衆の意思をとどける忠実な「伝達手段」という架空の理想にふさわしい働きをしているかどうかを議論しても、あまり役に立たない。現実には、政党は政策のアドボカシーと実現を通じて「民衆の意思」に積極的に形を与え、明確化しているのである。

政党研究における政党と政策の結びつきについての数少ない言及は、政党の政策的な立ち位置を外因性のものとして扱う空間モデルの適用にすぎないことが多く、政策策定を協力関係の形成とポスト配分のためのメカニズムにすぎないものとしてとらえがちである(Ware 1996: 330-342, 358-365)。ジョン・ヒューバー(John D. Huber)が指摘しているように、「従来の調査研究における内閣の優位性の強調は、議会の場で行われる戦略的な取引のプロセスに対する研究者の軽視を招いた」のであり、その結果、組閣から総辞職までのあいだに立法プロセスがどう展開するかについて、ほとんど研究が進んでいない(1996: 10)。ヒューバーはさらに続けて、既存の議会研究の文献は一般に機能主義の枠組みに拠っており、議会を単一にまとまった主体であり、(優勢な)行政府に対抗する独自の機能と目的を備えたものとしてとらえているが、その分析には目的を持った主体が欠けていると指摘している（1996: 10-14）。

本書はそれと対照的に、民主的な意思決定プロセスにおける政党の能動的な役割を真剣に受け止め、そのために、政治問題を明確化し、公共政策を主導する政党の役割を強調する。ピーター・ホール（Peter A. Hall）は、権力闘争は理念の戦いと分かちがたく結びついており、政治主体が「権力を獲得するには、政治的言説に影響を与えることも必要となることが少なくない」と論じている（1993: 290）。政党は、選挙戦でも政策プロセスでも、権力闘争の武器として積極的に特定の問題を取り上げ、特定の解決を支持するのである。決して受け身なだけではない。

競争、野党、民主主義

いうまでもないが、民主主義には競争と反対が重要であることは、すでに指摘されている。もっとも有名なのは、ロバート・ダール（Robert A. Dahl）が一九六〇年代中ごろから一九七〇年代前半にかけて発表した、民主主義国家における野党の重要性を強調した一連の研究である（1966, 1971, 1973）。野党は民主主義の鍵を握る重要な要因であるとみなされた。ダールや彼の共同研究者たちは、多数の政権や国家の実例を比較することによって、その「パターーン」を探求した。究極の研究目標は、民主主義の必須の構成要素としての野党に対する理解を深めることができる分析の枠組みを構築することだった。

本書がめざすことは、それとはかなり異なる。本書では「野党的な政策」という概念を導入し、野党の立場にある政党がイデオロギーや政策綱領を再構築し、自らを被治者の声として提示し、政府の民主的コントロールの強化を提唱することによって大衆の支持を広げ、権力を奪取した後にはこれらの野党的な政策の一部の実施に進む、という一連のプロセスを追跡する。言い換えれば、民主主義を進展させるダイナミックなメカニズムとして野党を考察するのである。

本書の中心的な主張は、中央の行政府は外部からのチェックにさらされる必要があり、そのためには立法府、地方政府、市民社会などに権力が分散されるべきだという思想に基づく諸政策は、本質的に「野党的」であるということだ。たとえば、議会への説明責任、地方分権、政府情報の開示（中央の行政府に対する民主的なチェックを強化する改革措置）はみな、野党的な政策であり、政権与党がこれを真剣に推進しようとする理由は、権力の座が揺るがない限りはみじんもない。しかし、「野党であること」はしばしば、自らを被治者と同一視することを可能にし、中央政府の権力を抑制するような政策に、親近感を持つようになる。とくに在野時代が長引くときにはそうであり、時には根本的なイデオロギー的変容も経験する。だからといって、その野党がついに政権の座についたとき、これらの野党的な政策がかならずしもそのまま実施されるとは限らない。それでも一部の政策は、たとえそれを実施することが新たに政権与党になった元野党にとって党派的な利害に反するものになりかねないとしても、実施されることになる。政党間の競合は単に正式な民主主義の条件であるだけではない。それはまた、民主主義の発展にかなり大きな政策的影響をもたらすメカニズムであり、アクティブな発明である。

メカニズムという用語が意味するところは二重である。第一に、前述のように、政党間の競合——具体的には、野党、政権交代、連立政治——は一つのメカニズムであり、文字通り諸政治主体によって動かされる一つの構造である。これが、民主主義制度の終わることなき進化を前進させている。第二に、この用語はまた、ヤン・エルスター（Jon Elster）によってもっとも明瞭に表現された社会科学的分析のレベルと範囲も指している[3]（1989a: 3-10）。エルスター（1989b: viii）によれば、人間の行動と相互作用のメカニズムは、「信ぴょう性が高く、頻繁に観察される物事の起き方」であり、法則と違って一般性を主張しない。しかし、「pがqをもたらすというメカニズムが見出されたときには、人間知識が一歩前進したといえる。なぜなら、ものごとが起きる方法のレパートリーに、新たに一項目が加わったからだ」（1989a: 10）。

構造分析のみに基づく議論（観念、制度、社会経済的要因のいずれかに焦点を置くもの）は概して、政治主体がそうした構造要素に形を与え、調整して自らの政治資源として利用しようとするダイナミックでインタラクティブな過程を見過ごしてしまう。観念的、政治的、社会経済的な構造は、そんなにたやすく出現し、社会に影響を与え、自動的に地方分権化をもたらすなどということはない。そういうことが起こるのは、政治主体によって積極的に形を与えられ、取り上げられ、解釈されたときのみだ。それはつまり、新しい思想、制度的ツール、社会経済的な条件は、行動方針のパラメーターを明確にすることによって主体に制約を課すだけでなく、政治主体が権力奪取の戦略を策定する際に積極的に利用されるということだ。政治主体は、構造変化の影響をただ受動的に経験するだけではない。観念的、政治的、社会経済的な構造の政治的重要性は、単に「制約」となるだけでなく、政治主体にとっての「資源」ともなるのである。

一方、ポール・ピアソン（Paul Pierson）が強調しているように、主体をベースにした説明は、適切な時間軸に置かれないかぎり、現実から遊離した不完全な政治の「スナップショット」を提示するだけになってしまう（2004）。構造的な状況に適切な接地点がなければ、主体ベースのアプローチは、政治や歴史の時間的側面を理解することができない。なぜなら過去は単なるデータになってしまい、そこに任意の時点で、自由で合理的な決定の根拠を置くことになるからだ。実際には、戦略は決して前後関係の欠落したところで作られることはなく、常に特定の時間的プロセスに埋め込まれている。したがって、それらは将来を見据えるだけのものにはならず、常に過去の経験と現在のコミットメントに基づいている。

主体と構造の間の具体的な相互作用のプロセスを辿ることで、本書は、野党が政権を掌握したときに実現される地方分権政策のダイナミックなメカニズムを特定しようと試みる。つまり、本書が提示するものは、「比較力学 comparative dynamics」または「比較動学 comparative kinetics」の研究であり、従来のような国別パターンの「比較静学 comparative statics」や構造ベースのアプローチに共通する型どおりの軌道、主体ベースの理論が陥りがちな合理的選択の「順番に並べたスナップショット」を超えて先に行こうとするものである。

野党的政策としての地方分権

地方分権は多面性のある概念である。本書で注目するのは、通常は政治的分権と呼ばれている意思決定権の地方政府への委譲であり、とくに単一国家におけるものを取り上げる。[4]選挙で選ばれた地方政府に委譲される意思決定権の中には財政に関する権限も含まれようが、現実には歳入や歳出の分権化は相当に時間がかかり、控えめで不均衡なものになりがちで、むしろ問題だらけというのが相場である。これは連邦制をとる国においても同様である（Diaz-Cayeros 2006; Rodden et al. 2003; Rodden 2006）。

それでも政治的地方分権は、構想そのものが見かけ倒しというわけではない。というのも、民主主義の根幹にかかわるような制度変更は必然的に個人の選択と集団の意思決定に深い影響をおよぼすことになるからだ。権限の地方出先機関への分散（行政機能の地方分権ともいう）とは、選挙で選ばれた代表から事務方への権限の委任と理解できるが、政治的地方分権はそれとは質が異なり、中央政府が、住民から直接の信託を受けた者に権限を委譲することである。すなわち、地方において政策実施を任された行政官にある程度の裁量権を与えることと、[5]独自の支持基盤を持ち潜在的に政敵となる可能性のある者に実質的な意思決定権を委譲することは、まったく別のことである。

連邦主義についての文献は、ウィリアム・ライカー（William Riker）による重要な研究（1964）以来ずっと、地方分権の理論的理解のための拠り所となってきた。今日でもなお、この分野の最先端の理論は大半がこの学派から出てくる。連邦主義についての文献に共通するのは、中央と地方の間の権力バランスへの配慮を基調とする制度設計への強い関心であり、そこから解明された論題は、領土的一体性（Treisman 1999）、途上国の市場改革（Wibbels 2005）、国家建設と課税の一元化（Diaz-Cayeros 2006）、連邦体制における財政規律（Rodden 2006）など多岐にわたる。これらの文献は概して、中央政府を地方レベルの政治主体に対抗させる形での政府間ゲーム、抗争、駆け引きを重視し、地方分権と中央集権の政治力学を説明する傾向がある。その際、「中央政府」は単一のまとまった主体（調整の問題を抱える多数の地方レベルの主体に相対する）として概念化されるのが常で、そこに政党が果たす役割があるとしても、それに対して払われる関心はおおむね、彼らが政府間の対立に橋渡しをする能力（またはその欠如）に限られる。

連邦制度についての豊富な文献にはもちろん価値があるが、その見識を憲法上の構成が異なるものに当てはめる場合には注意が必要である。確立された単一国家の場合には、近代化の過程において中央政府が地方を圧倒してきた長い歴史があり、中央からの強制と地方の抵抗という政府間の相互作用が、中央集権的な停滞がなかなか終わらないことに説得力のある説明を与える。フランスも日本も、政府間の綱引きが存在するといえるようなレベルで行われるには制度的な前提条件があまりにも地方政府に不利にできているため、結果として地方側は中央政府と真っ向から対決するのを避け、臆病な合意を模索することになりがちである。地方分権のイニシアティブは、政治的なやりとりが政府間の軸に沿って行われているかぎり、どれもこれも失敗に終わった。このように構造的な条件が地方政府に不利にできているのでは、地方分権は中央政府が自らそれを追求するのでないかぎり起こらない。中央政府を地方分権の大義に本気で宗旨替えさせる方法は、中央政界における政党間の政治力学を通じてしかない。

　といっても、中央と地方の政府間の綱引きを、単純に政党間のそれに置き換えようとしているわけではない。本書で追求するのは、政党間の競争の政策的ダイナミクスを時間的な文脈のなかで探ることだ。諸政党の空間的マッピングは通常、各党の政策的な立ち位置の相対的な側面、すなわち、A党の立ち位置はB党との比較においてどこにあるのか、また両党は互いの相違を強調したがっているかどうかなどに注目する。これはたしかに党派間の相互作用の一つの重要な要素をとらえているが、そのようなスナップショットではもう一つの重要な側面が抜け落ちてしまう。現実には、政治主体は特定の時代に存在しているのであり、政党間の政策論争が前後の文脈を排除して起きることは決してない。[6] 議院内閣制においては、[7] 政党間の競争は常に、政府（与党）と野党の間のものである。つまり、政党間の駆け引きには具体的な状況が無視できない文脈を与えている。政党が掲げる政策は、他党との相対的な立ち位置だけで決まるものではなく、政権争いにおける立場の違い、すなわちその時点において与党であるか野党であるかによっても変わってくる。誤解のないようにいうと、こうした状況的な条件は、各政党がどんな政策を採択するかを決定するものではないが、選択しうる政治戦略や行動の構造的な限界を規定しており、時とともに重要性を増していく。重要な点は、これらの条件の影響が政府与党と野党で非対称になることだ。

選挙による信任を受けたことと権力の座にあることから、政権与党は潤沢な政治資源に恵まれているが、その代わりに制約も免れない。与党はゼロから政策を策定することはできない。なぜなら、与党の政策は政権の座にあるあいだに過去や現在において推進され、実施された（あるいは黙って棚上げにされた）政策との絡みで策定されるからだ。観念的な刷新は可能である（またおそらく望ましい）が、それは過去に行ったこととの整合性を問われたときに弁明できる範囲でなければならない。政府与党であることが政策に与える状況的な影響は、全体として保守的であり、現状維持的である。とはいえ、もちろん、この論理がどの政党にも等しく作用するわけではないし、速度にもばらつきがある。与党は政権を握って実施した政策に対して責任を問われるため、急激な政策変更は時の経過とともに次第に難しくなる。それとは対照的に、野党には足かせが少なく、新たな政策理念を探求する自由度が政府よりもずっと高い。ただし野党は、選挙で勝つためには旧来の支持者を失うことなく新たな支持者を獲得することが必要になるため、悪戦苦闘することになる。もちろん、大衆の支持を獲得するには（失うのと同様に）、さまざまな方法がある。

政府と野党の間の状況的な非対称は、単に構造的な制約やリソースの不均衡だけにとどまらない。「野党的」とみなすことができる具体的な政策、すなわち在野の政党にとっては相性がよいが、与党にとっては都合のよくない一連の政策を識別することができるかもしれない。それらは政府機構のさらなる民主化を、統治される側の視点から主張する政策であり、国民の力を引き揚げるないしは中央政府に対する民主的な監督と制御の機能を強化するような政策である。地方分権はそのような政策の一つであり、行政や政府の情報開示や議会が監督する権限の強化もそうである。

こうした野党的政策に対して、政権与党は議会の多数を制しているかぎりは抵抗することができる。しかし明瞭な政権交代が起これば、条件は一気に切り替わる。政権に就いたばかりの旧野党は、突如として、従来推奨してきた政策を実行する自由を手に入れるわけだが、実際には、与党となって手に入れた権力を部分的にせよ委譲し手放すという、野党時代に打ち立てたコミットメントに制約されることになるのだ。ここに政治の時間的な性質が、じつに皮肉な形で表れている。時がたつにつれ、新たな政権与党も野党的な政策に次第に嫌悪を募らせていき、政府という立場の論理に屈服してしまう。しかし、状況的立場の突然の入れ替わりによって生じた束の間の政治的空白のなかで、「利他主義的な」民主化がいわば慣性の法則によって推進される。政権交代は連立政権の形成を通じても起こりうる。与党が議会の過半数を失い、ライバルの政党と権力を分かち合うことを余儀なくされた場合である。その場合も、もはや無視できなくなったかつての野党の手によって、地方分権がついに政策課題に押し込まれることになる。野党的な政策は、それが連立を維持するのに必要であるかぎりは前進する。

本書で扱う事例の概要

このダイナミックなメカニズムを説明する事例研究として、本書ではフランスと日本のケースを取り上げている。一見、自明ではない比較の組み合わせのように見えるかもしれない。しかし実際には、この二国は幅広い類似点を持っており、両者を比較することは本研究の目的のためにふさわしい。

フランスと日本はともに国家主導のもとに近代化を達成しており、その影響が長く残り、保守長期政権のもとで二〇世紀の後半になっても継続していた。フランスでは一九五八年の第五共和政の誕生からずっと、ド・ゴール派が政界の支配的な勢力であった。中道右派のヴァレリー・ジスカール・デスタンが一九七四年に「小さな政権交代」(右派陣営内での政権交代)でドゴール派から大統領職を奪ったものの、フランス与党は引き続き中道右派連合だった(実際、初代首相はジスカール・デスタンの大統領当選を助けたド・ゴール派のジャック・シラクだった)。一方、日本では自由民主党が一九五五年の党結成から途切れることなく政権を握り続けていた。フランスのド・ゴール派とジスカール・デスタン派の中道右派連合も、日本の自由民主党も、戦後の中央集権的な傾向を逆転させることはできなかった

(というか、したがらなかった)。いくつもの改革イニシアティブが(重大なものも、それほどでないものも含めて)議論され、時の流れとともに、地方自治体への権限委譲に向けた社会的な要求と圧力は高まったが、戦後の保守政権時代の大半における地方分権の取り組みの歴史は一言でいえば「現状維持」であるというのが、研究者のコンセンサスである。

たとえば、ピエール・グレミオン(Pierre Grémion)は、フランスにおける一九六四年の地方改革を取り上げた影響力のある研究書のなかで、地方における政治行政システム、すなわち官選知事(préfets)、地方の他の国家行政官、地方名望家を密接に結びつける政策共同体の存在を強調した(1976)。他の研究者も同じように、中央−地方の関係においては交渉と妥協がつねであったため、改革のイニシアティブは結局どれもこれも、腰の引けた改変に終わらざるを得なかったと指摘している(Kesselman 1970: 31; Machin 1977: 65-85)。

フランスにおいて抜本的な改革を妨げたのは、官選知事と彼に与する地方名士たちの相互依存と現状維持の共通利害に基づく共犯関係であったという主張があった(Worms 1966)。どちらも、自分たちの職務は政治を超えたものだと主張したがり(Kesselman 1967: 136-149)、正式な規則や法律にしばられない柔軟な態度をとる必要や、中央政府や、国の地方行政組織からのいらざる「干渉」を締め出しておく必要で利害が一致していた。そして、ここが肝心だが、彼らはそれを達成するため互いの協力を必要としていた(Worms 1966: 261-271)。官選知事と地方名士を軸に築かれた強固な統合関係の輪は非常に保守的で、実質的に新たなエリートの参入を拒み、外部から生まれた新しいイニシアティブをことごとくブロックして、新たな権力形態の発生を阻止する結果となった（Worms 1966: 273）。さらに地方名士たちの多くは、当時広く浸透していた公職兼務（Cumul des mandats）の習慣によって国政レベルのポストも兼務することができたため、中央政界にも直接圧力をかける能力を持っていた。高級官僚団《グラン・コール》（Grand Corps）の強大な力もまた、地方統治システムの現状を大きく変えることを阻んだ要因の一つとして指摘されている。政治と行政を分断してきた古典的な境界線も、第五共和政の威信ある高級官僚団のエリート官僚にとってはほとんど意味がなく、彼らはさまざまな形で政界に進出した（そしてまた実業界にも）。多数の者が閣内に入り込んでおり、それればかりか自らが大臣や議員を務め、強大な権力を握っていることも珍しくなかった。同時に、彼らは自分たちの「シマ」（管轄下にある政策セクター）と考えていたものを用心深くガードし、地方レベルでもかなりの組織移植を行っていた。同様のことは、官選知事団（corps préfectoral）や土木官僚団（Ponts et Chaussées）についてもいえる（Thoenig 1987）。高級官僚団は、メンバーシップの排他性や、リソースの豊富さ、政策共同体における中心的な地位のおかげで、自分たちに好ましくない改革を密かに妨害することにかけては驚異的な成功を収めてきた。

もっとも重要なのは、真の政権交代が行われないなかで、保守派の政治エリートには中央集権を覆そうという政治的な意思も能力もなかったことだ。

日本でも同じように、戦後の民主体制下でも地方政策は停滞していた。リチャード・サミュエルズ（Richard Samuels）は、一九五〇年代から七〇年代にかけての一連の地方分権構想について詳しく調べ、いつも同じ顔ぶれの参加者たちの間で延々と繰り返された広域地方行政区画化（regionalization）をめざす交渉の失敗の歴史を記録した（1983: 123-160）。今日にいたるまで、都道府県知事は繰り返される広域地方行政区画化の企てに抵抗している。

地方が持つこのような力の実例は、日本の行政における中央と地方の関係についての従来の解釈と、やや矛盾している。従来の解釈では、日本国憲法と地方自治法（ともに米国主導の連合国軍占領下での民主化改革の産物）の精神と字義に示された地方分権主義があるにもかかわらず、地方自治は中央政府の厳格な管理、事実上の指導のもとに抑圧されたままであったとされる。[8]

多くの学者はこの頑強な中央集権という従来の見方を完全に反転させることはせずに、中央・地方政府間の条件取引や相互依存関係についての図式を修正し、複雑化させたものを提示した（Samuels 1983; Reed 1986a; 村松 1988）。この政策共同体的アプローチ（フランスのような）に基づいた研究によれば、中央政府が優位性を持つ範囲は常に誇張されてきた。中央集権国家としての日本の分析は、中央官僚機構が縦割りになっていることによる影響も十分に考慮に入れて調節されなければならないことになる（Samuels 1983: 157）。

村松岐夫は政策ネットワーク理論を直接引いて、「権限重複」モデルを提唱する（1988: 187）。彼は、政策決定において地方政府の役割が拡大しているのは、社会保障制度の発達に起因すると主張する。

地方の自主性発揮が可能なのは、地方には、従来大きな注目を集めなかった政治的リソースがあったためである。その一つは福祉国家の事業の多くが地方に実施を依存するために、中央の地方依存現象が生じたということである。そしてまた、地方の事務事業の中に中央依存のものが多くなること自体、地方の中央への影響力行使を刺激するということがあった。

地方政府が政策策定に参画するもっとも重要な場は、地方制度調査会という政府の諮問機関であった。構成メンバーは、国会議員の一部、中央官庁の官僚、地方自治体の首長、地方議員、学者（全部で約五〇人）である。サミュエルズが主張するように、「自治省が支持する重要改革提案は実質的にほぼすべて地方制度調査会で最初に審議され、推奨されている。この機能に加えて、地方制度調査会は中央省庁間の抗争において自治省の代理機関として闘った」[9]（Samuels 1983: 130）。

フランスの知事団をはじめとする高級官僚団と同じように、日本のエリート官僚はさまざまな形態で張り巡らせた人脈を通じて地方行政に多大な影響力を持ち、とくに都道府県レベルではそれが顕著である。たとえば、一九九三年現在で、四七都道府県の知事のうち半数以上が中央官僚出身者である。他のさまざまな都道府県の重要行政ポストにおける中央官僚出身者の割合は、さらに高いこともしばしばだ[10]。彼らは中央政府においても同じように強力な政治的影響力を持っており、自分たちの管轄領域に対する脅威とみなすものを撃退する強い意志においてはフランスの官僚たちに一歩も引けをとらない。政策共同体のなかで占める重要な地位のおかげで、日本の高級官僚たちは自分たちの意に沿わない改革を頓挫させることにおいてもフランスと同じように巧みだった。

日本でも、保守派の与党政治家は、自分たちが独占してきた中央政府の権限を地方自治体に譲り渡す必要はまったく感じなかった。

しかし、どちらの国でも一九六〇年代半ばごろからさまざまな相互に絡み合う変化が生じ、次第に中央集権型の国民国家モデルに対して問題をつきつけるようになってくる。文化的には、豊かになり教育水準もあがった市民たちが、国家についての画一的な概念を息苦しく創造性を奪うものだと考え始めた。それまでは押し殺されていた地域文化の多様性や地方の伝統に目覚め、関心を高め始めた。政治的には、行政への参画や政府の対応の積極化を求める声が、とくに都市部の有権者の間に目立ち始めた。多くの人々にとって、首都で行われる国政は遠い世界のことであり変化に時間がかかる一方、地方自治体は、少なくとも答えの糸口を提供しているように思われる。中央集権は経済面でも異論にさらされた。たとえば中央政府は次第に効果に乏しく非効率的で、費用がかかり、地域のニーズに鈍感であると認識されていき、こうした懸念は、オイルショック後の時代にさらに顕著になった。その一方で戦後の高度経済成長期にもかかわらず、繁栄の果実が国民の間で平等に分配されていないという認識が広まっていた。パリや東京から遠く離れた周縁地帯では、かなりの部分が取り残されていた。これらの地域の経済再活性化を阻む最大の障害として中央集権が広く批判されていた。

こうした新しい展開は次第に融合して野党側の政治勢力を形成し、堅苦しい国家の中央集権化とそれを支える画一的な国家の概念の両方に異を唱えた。やがて両国はいずれも政権交代を経験し、急進的な政治制度の改革を公約に掲げた野党が政権の座についた。

フランスでは一九八一年、フランソワ・ミッテラン率いる社会党がまず大統領の地位を勝ち取り、つづいて国民議会選挙で圧勝し、「大きな政権交代 grande alternance」を引き起こした。地方分権は、ミッテラン大統領の最初の七年間の「重大事項」と呼ばれ、政策課題のなかでもとくに重要とされていた。社会党は、最初は共産党との連立で（一九八四年まで）政権を担い、その後も政権にとどまって、一九八六年にシラク率いる中道右派連立が国民議会の過半数を奪還すると、保革連合《コアビタシオン》を形成した。

日本では一九九三年に、細川護熙の率いる連立政権が成立し、三八年におよぶ自由民主党の長期政権は終止符を打った。連立政権の存在理由である政治改革は、「政官業の癒着」を断つ試みであると大雑把に定義されていた。ここでも地方分権は、新政権の改革アジェンダにおいて欠くことのできない一部を（選挙制度改革、行政改革、規制緩和と並んで）形成した。細川政権は一年と持たず別の連立政権に取って代わられ、連立の枠組みのもとに自由民主党が政権に復帰したものの、その後の政権はいずれも、この歴史的な政権交代で据えられた改革アジェンダを無視することはできなかったし、自由民主党が単独で衆議院の過半数を制するのは一九九七年秋を待たなければならなかった。そのときでさえ、参議院の過半数を確保するためには、引き続き他の政党に依存し続けなければならなかった。政党間のダイナミクスがやがて野党側の政策である地方分権の採用をもたらしたフランスと日本の事例を比較してみることにより、民主主義の不可欠なメカニズムを構成する政治主体と彼らを取りまく構造の間の相互作用のプロセスを理解することが容易になるだろう。

フランス社会党と日本社会党はともに、野党時代に徐々に中央集権主義を捨てて地方分権を支持するようになった。いずれの場合も、保守派の政治に対して大衆に基盤に持つオルタナティブとして自らを作り変えた結果である。政権奪取のため自らのイデオロギーや組織的な資源を武器として再構築し、急進的な地方分権を標榜することにより、次第に現実感覚を失いつつあった時の政権に異議を申し立てる民衆の代表として自らを映し出し、フランスでも日本でも、時の経過とともに程度は違うが成功を収めた。中央政府に権力が集中しすぎており、権限委譲が必要だという主張は、地方レベルで勢力を広げていたものの、最終的には国家権力を行使できる与党によって不可避的に圧倒されてしまっていた野党勢力に強くアピールしたのである。

フランスでは、地方レベルで議席を伸ばした社会党が、やがて国政レベルでも勢力を伸ばした。地すべり的な勝利による政権交代の後、それまでの選挙における公約に基づいて、社会党は政権に就いた最初の年に大胆な地方分権政策を推進した。その政策によって、数十年間の野党時代を経て多大な努力の末に手にようやく入れた権力の一部をみすみす手放すことになってしまうというのにである。権力交代で登場した新しい政治指導者たちは、十分な党組織の資源に支えられて、既存の政策共同体を迂回し、作り変え、自分たちの改革アジェンダを強引に持ち込むことができた。同時に、勝利を収めた元野党への選挙民からの委託と練り上げられた政策プログラムは、新政権を拘束するものとして機能し、政権に就いた直後に真逆の行動をとることを不可能にした――そうしたいと願ったメンバーもいないわけではなかったのだが。したがって、新たな立場から生じた生々しい不安にもかかわらず、野党時代に培われた地方分権をめざす勢いは優勢であり、歴史的な地方分権改革を実現させることになった。

日本の政権交代は、もっと漸進的で複雑だった。フランスのように社会党が圧倒的勝利を収めて明確なマンデートのある政権交代を成し遂げたわけではなかった。自民党が権力の座を失ったのは自らの分裂によるところが大きく、離脱者が出た後でも最大政党の地位を保ち続けた。日本社会党は、それまでの地方における勝利を勢力拡大に結びつけることができず、自民党に取って変わることのできる現実的な選択肢としての地位を他の新党に奪われてしまった。やがて自民党は社会党と（自由主義的な小政党、新党さきがけも加えて）連立を組むことによって、早くも一九九四年に政権に復帰した。それによって、地方分権改革の速度や範囲や内容は、さまざまな連立政治の駆け引きにふりまわされ、制限されることになったが、それでも政府は政策アジェンダを大幅に修正することを余儀なくされた。矮小化され制限されたとはいえ、地方分権は社会党にとって自前の政策と呼べる希少な宝であり、それを軸にして壊れかけた党のアイデンティティをなんとか救おうとしていたのである。一方、自民党は、今はパートナーとなったかつての敵を連立政権につなぎとめるために、なにがなんでも改革派の衣をかぶることを必要としていた。それによって新たに出現したもっと手ごわい野党を寄せつけないようにするためだ。これにより連立政権の枠組みは、既存の政策共同体が活動していた政治的な境界線を変更してしまい、実際の政治主体の交代は限定的だったものの、政策スタンスは大幅に変更された。その結果、地方分権改革の成果はフランスの場合ほど徹底的ではなかったものの、従来のあり方と比べれば、重大な変化がもたらされたのである。

本書の構成

本書は六章で構成されている。本章は、全体の分析的な基礎づけを提供している。この後のふたつの章では、重大な政権交代が起きる以前に存在していた制度的条件や政治力学を概観する。第2章では、フランスと日本において、過半数を制する政権与党の交代が保守勢力の圧倒的優位のもとでいつまでも起きないなかで、地方分権改革が失敗し続けた時代を振り返る。第3章では、両国において「野党的」政策としての地方分権が形成された過程、すなわち野党がいかにして現状に代わる選択肢として地方分権政策を用意したかを説明する。つづくふたつの章では、政権交代が地方分権の政策プロセスをどのように変えたかを詳述する。第4章では、フランスにおける政権交代の影響を考察し、第5章では日本の事例を、フランスとは異なる種類の政権交代、すなわち連立政権樹立の例として取り上げる。最後に、第6章では、時代や国境にまたがる事例比較から得られた主要な洞察を総括し、さらにふたつの議会制単一国家（英国とイタリア）における同様の事例の検証を追加し、本書の分析が持つより大きな政治的意味合いの評価を行う。

第2章　保守政権下における中央集権傾向の存続

フランスでも日本でも、保守派の優勢が続いている間は地方分権改革の取り組みは判で押したように挫折に終わり、中央集権がいつまでも続いた。多数派与党は、中央・地方関係を「政治問題化」することに何の利益も見出せず、この問題については「行政」の機構上の問題として取り組むことを好んだ。政権の座は安定していたので、与党は政策プロセスをめぐる政党政治の圧力をほぼ排除し、無視することができた。そのため、中央政府と地方政府の間の交渉が、日仏両国それぞれの中央と地方の関係を方向づけるようになった。といっても、本当のところは中央政府の内部プロセスといってもよいものであり、政策の決定は中央政府が行い、従属的な地位にある地方政府は意見を求められるにすぎなかった。もちろん中央の思い通りにいかないこともよくあったが、地方が勝利を収めることは決してなかった。地方にできるのは、中央の旗振りを失敗させたり、全般的な融通や特定の配慮を要求したりすることだけだった。このようにして、中央からの強い要請と、それに対する地方の抵抗というサイクルが何度も繰り返されるばかりで、正式な権限委譲は実施されなかった。

さらに、このふたつの単一国家における中央官僚機構の硬直化した性質のせいで、中央政府と地方政府の交渉は常に中央省庁間の縄張り争いと絡み合っていた。フランスの内務省も日本の自治省も、地方行政に対して排他的な支配権を持っていたわけではないからだ。中央・地方政府間の葛藤と省庁間の競争が重なり合って膠着状態を生み出し、これが中央集権的な現状の維持を永続化させた。政府の外側では不満が広がったが、恩顧主義の馴れ合いシステムから恩恵を受ける特権支配層は大きな変革の必要を感じなかった。

フランス――「不可分の共和国」の遺産

戦後フランス史の大半において、中央・地方関係を特徴づけてきたのは膠着と停滞、しぶとく続く中央集権だった。ヴィシー政権は、第三国共和政の時代に実施された（控えめな）地方分権改革の成果の大部分を帳消しにして、フランスの法制史上で初めて地域圏《レジオン》という行政区画を導入した。地方行政におけるこの新しいレベルがヴィシー政権によって導入されたというスティグマのために廃止され、第四共和政のもとでは県とコミューン（市町村にあたる基礎自治体）の二階層システムに復帰することが一九四六年九月の憲法で定められた。新憲法のもとで、コミューンの首長とコミューン議会の議員、県議会の議員は再び公選されるようになったが、官選知事は引き続き県の行政長官に留まり、地方自治体に対する後見監督を行い続けた。[1]

しかし、県を越えた地域圏レベルへの広域地方行政区画化の理念は、憲法から抹消されたにもかかわらず、急速に再浮上してきた。広域地方行政区画化は、第四共和政の全期間と第五共和政で保守支配が続いた期間を通じて、政治的な分権を伴わない行政機能の地方分散という形を取った。主要な関心は経済計画と開発だった。地域圏の境界線の引き直しはそれ自体が問題をはらんでおり、「歴史的」な地域圏や「自然条件」による地域圏は、「共和主義者」の敵意を恐れて捨て去られた（Bourjol 1969: 228-229）。一九五六年には、関連省庁の官僚だけで構成された（政治代表や機能代表を完全に排除した）ワーキング・グループが、二三の地域圏の輪郭線を策定した。その後の数年で、地域圏レベルでの行政事務の連携を強化するために、地域圏間の境界線の調整が図られた。ド・ゴール大統領は、一九六三年に国土整備・地域行動庁（Délégation à l'aménagement du territoire et l'action régionale: DATAR）を立ち上げ、国家主導の経済発展のためのツールとしての広域地方行政区画化という考え方を一段と強化した。

さらに、一九六四年三月一四日に発布されたふたつの政令で、地域圏レベルでの経済計画のための行政上の調整を促進することが図られた。[2] 官選地域圏知事（préfets de région）には、計画庁に送付される地域圏からのインプットのとりまとめに関する明確な責任が与えられ、また地域圏レベルで国が行うすべての地方業務の正式なトップとしての地位が与えられた。一九六四年の制度改革はまた、主要な地域協議機関を、既存の拡大委員会から機能代表と政治代表を有する地域圏経済開発委員会（commissions de développement économique régional: CODER）に置き換えた。実際には、これらの改革は期待したような効果はなく、ピエール・グレミオンの言葉を借りれば、広域地方行政区画化は、「県の勝利」であることが判明した（Grémion 1976: 113）。周辺部の県の知事たちが手を組んで、公式には上位権限者であり県知事を兼務する地域圏の知事に対抗して、自分たちの県益を主張したり、中央政府に直訴したりということも、頻繁に起きた[3]。実際、地元エリートの県知事への依存はさらに強くなった。官選知事たちの非公式のネットワークが、地域圏レベルでの交渉や紛争解決のための不可欠のチャンネルとして重要性を増したからだ（1976: 44-45, 66-70）。ＣＯＤＥＲもまた、多くの人から失敗とみなされていた。民主的な手続きによる正統性が欠如していて諮問機関の役割に限定されていたため、ＣＯＤＥＲはあっという間に伝統的な地元名士たちの植民地にされてしまった。この層はしばしば、本格的な広域地方行政区画化に敵意を持っていた。

もともとは熱烈な共和主義者として中央集権志向の強かったド・ゴールも、後年になって改心し、広域地方行政区画化を進める方策をさぐり、一九六九年に国民投票を行った。彼は憲法を改正し、行政区域としては既存となっていた地域圏を本格的な地方自治体（collectivités territoriales）に昇格させることを提案した。この提案では、官選地域圏知事は地域圏の首長となり、ＣＯＤＥＲは一院制の地域圏議会（構成員は、当該地域圏から国民議会に選出されている代議員（下院議員）、間接選挙で選ばれた評議員、社会・職業的な機能代表）に置き換えられるとされていた。県はそのまま残るが、国から地域圏への重要な権限委譲が行われることになっていた。とくに経済開発、文化、国土開発（aménagement du territoire）に関する権限の委譲である（Ravanel 1984: 130-131）。この地方行政改革提案の不運は、あまり人気のない上院（元老院）改革と抱き合わせになって国民投票にかけられたことだった。国民投票は、すぐさまド・ゴール大統領への不満を有権者がぶつけるはけ口と化し、自党さえ説得できなかったド・ゴールは、提案が否決されたことによって大統領を辞任した。

国民投票の否決は地方分権主義の理想に大きな打撃を与えた。慎重派のジョルジュ・ポンピドゥがド・ゴールに代わって大統領に就任すると、急進的な広域地方行政区画化の見通しは遠のいた。しかし、戦後期に地域圏への行政機能分散がゆっくりと段階的に進んだのと同じ類の機能的必然性から、一九七二年には再び新たな一連の漸進的な改革措置が講じられた（Wright & Machin 1975）。地域圏知事（地域圏庁所在地においては県知事も兼ねる）が地域圏の首長となり、充分に機能することがなかったCODERは新たなふたつの地域圏議会に取って代わられることになった。地域圏議会（conseil régional）と、諮問機関である経済社会委員会（comité économique et social）である。地域圏議会の構成員は、地域圏選出の代議員（下院議員）と上院議員、さらに間接選挙で選ばれる県議会の代表や、地域圏内のコミューン議会や都市共同体の代表であり、地域圏の予算を決議する役割を与えられた。

これが一九八〇年代にかけてのフランスの地方行政の基本的な枠組みであり、その特徴は「政治的」分権がないままの経済計画の段階的な地方分散だった。フランスにとってもう一つの難しい問題は、コミューンの極端な細分化だった。[4]大都市圏（都市的集積地域）の拡大が伝統的なコミューンの境界を無意味にする一方で、農村部では次第に多くの零細コミューンがわずかな予算しかないまま取り残されていった。戦後に都市化が本格化したことで、問題は深刻化した。歴代の中道右派政府は、近隣コミューン間の協力を促進し、合併を奨励したが、その努力は成功しなかった。

さまざまな委員会報告書とボネ・プロジェクト

フランスの地方分権が進展を欠いたのは、理念や提案の不足が原因ではなかった。事実、ド・ゴールの企ての失敗やポンピドゥの慎重な改革の後も、行き過ぎた中央集権の問題は引き続き大きな政治的課題であり、この問題について審議し、報告する政府委員会が次から次へと設置された。こうした委員会は時には興味深い疑問を提起し、さらには大胆で革新的な解決策を提案することさえあったが、そのほとんどは、委員会を立ち上げた当の政府に直接的な影響を与えることはなかった。問題は、そうした改革を法制化に持ち込むための、政党による政治的な支援が欠けていたことだった。信頼できる政治的な後ろ盾がないまま、それらの改革案はひっそりと、時にはいともあっさり棚上げされ、忘れ去られた。しかし、この頃に提案された考えの一部は、のちに社会党が権力を握ったときに取り上げられ、達成されることになる。

一九七三年四月、ジョルジュ・ポンピドゥ大統領はアラン・ペールフィット（Alain Peyrefitte）を行政改革大臣に任命し、前年の地方行政改革に付帯する法令を練り上げ、県レベルを中心とした集中解除と地方分権改革を研究し提案するよう命じた（Documentation Française=DF 1976a: I）。ペールフィットは非公式の研究グループを率いていた。構成員はいくぶん排他的にエリート官僚に限定されていたが、彼らが一年以上かけて問題を精査した。このグループには、ジャック・ドロール（Jacques Delors）（彼は政治クラブ「交流と企画 Echange et Projets」を通じて、社会党員の間の地方分権論争にも影響を与えた）とジャック・オベール（Jacques Aubert）（ジスカール・デスタン政権下で作成された後継の政府報告書に、彼の名前が書き添えられることになる）が含まれていた。ミシェル・クロジエ（Michel Crozier）などの学者たちも、ペールフィット報告書の作成に参加した。[5] いずれは議論の輪を広げて、より大きな委員会の政治家も取り込み、その上でペールフィットが大統領と首相に対し一九七四年末までに具体的な改革提案を提出するという計画だった（DF 1976a: II）。

しかし、ポンピドゥ大統領は在職中に亡くなり、一九七四年五月に新大統領が就任するとペールフィットの計画は頓挫した。ペールフィットは、ポンピドゥが死去する数週間前に大統領に予備の答申を行ったと主張している。それによれば、大統領はこう答えたそうだ。「これは壮大な改革だ。任務の終わりに着手するわけにはいかない。私の次の任期の政策課題になるだろう」（DF 1976a: XIX）。ペールフィットは後にこの答申を発表した。ポンピドゥの後継者は、その勧告に基づいた行動は取らなかったが、それが提起したテーマのいくつかは、その後の委員会答申の中に再浮上することになった。

ペールフィットは明らかな官僚的縄張り主義の立場を取り、地域圏はあくまでも経済計画と公共投資調整のための機能的単位にとどまるものであって、政治的な役割を担う地方政府組織ではないと主張した（DF 1976a: II）。彼はジャコバン主義者が懸念したように、公選された首長や議会を備えた本物の「地域権力」を作り出せば、過度の緊張を招き、国がばらばらに分解する恐れもあると考えていた（DF 1976a: III）。一方で県には、より多くの権限を与え、また代議制の審議機関や選挙で選ばれた首長を備えさせるべきだと考えていた[6]（DF 1976a: XIII-XVI）。ジスカール・デスタンには見向きもされなかったものの、ペールフィットの答申は、官選知事の役割に関しては、数年後に実施される社会党政権の改革提言を予言したことになった。ペールフィットの計画では、官選知事は共和国弁務官（Commissaire de la République）と改名され、その役割は基本的に、県に送り込まれる国の代表として地方政府の決定に対して事後監督権を行使することと、地方に権限が委譲されたあと縮小して残存する国の地方行政事務の責任者を務めることに限定されることになっていた。ペールフィットは漸進的な改革のための移行期間を設けることを容認していたが、それでも彼の考えはフランスの標準に照らせばかなり大胆だった。彼は複数の公職の兼務を制限し、最終的には禁止することさえ主張していた（DF 1976a: XVIII-XIX）。彼には「一種の平和な革命」を語る十分な理由があった（DF 1976a: XIV）。

しかし、その革命は起こらなかった。代わりに、一九七五年一一月に新大統領はオリヴィエ・ギシャール（Olivier Guichard）が議長を務める新機関「地方の責任能力の発達に関する委員会」を設立した。委員会への委任事項が明示していたのは、ギシャールにはかなりの裁量権が与えられ、非常に広範囲にわたる問題を取り扱うことになっているものの、地域圏と広域地方行政区画化については慎重に議題から外されていることだった。ジスカール・デスタンのはっきりした希望に沿って、委員会の他のメンバーはほとんどが地方名望家たちであった。

ギシャールの報告書は、フランスの中央集権化がもたらす弊害の徹底的な分析から始まった。そこで繰り返されたのは、中央集権は地方の責任能力の発達だけでなく、国家の尊厳や行政の効率性にとっても有害である、という古典的な自由主義的議論だった（DF 1976b: 23）。委員会は、既存のコミューンの「かけがえのない」価値について惜しみない賞賛を与える一方で、コミューンの連合体の設立を呼びかけた（DF 1976b: 47-48）。地方政府の上級幹部にとって、ギシャール委員会は、県の体制の現状維持に賛成し、県における官選知事の執行権限を温存するものだった（DF 1976b: 70-71）。しかしながら、知事の地方団体に対する後見監督は終了することになった（DF 1976b: 37-38）。全体的にギシャール報告はペールフィット報告ほど大胆ではないと判明したものの、[7] それが辿る道は先行報告とまったく変わらなかった。一九七六年の地方選挙（県議会）でも一九七七年の地方選挙（コミューン議会）でも左派の躍進が続き、一九七八年の議会選挙に向けての運動期間には、コミューン連合体の提案に対する地方名士の反対が強く、とても乗り越えられないと判断された。

その結果、ギシャールの報告書もまた、ひっそりと棚上げにされたのである。

しかし、地方分権化の問題が政治課題からはずされる期間は、それほど長くはなかった。一九七七年の夏にはもう、ジスカール・デスタンは再挑戦を試みた。大統領は彼の支持基盤であった地方名士の支持を得ようと、国務院委員（高級官僚）であるジャック・オベールに対しフランス全土の三万六千人の市町村長（コミューン議長）すべての意見を聞き、分析するよう依頼した。「オベールの専門調査委員会が作成した要約には、既知のこと以外の発見は何もなかったが」（Mény 1984: 208）、それでも翌年に政府が提出した法案の基礎となった。当然のことながら、内務大臣クリスチャン・ボネ（Christian Bonnet）が提出した法案は、ギシャールの報告と比べてさえ、制度改革の時代にしてはあまりにも意欲に欠けるものだった。県とコミューンが地方分権化提案の受益者であると、法案の冒頭で明確に指名された（Senate (France) 1978: 3)。今回はコミューン連合にかかわる議論はいっさいなく、その代わりに既存の枠組みのなかでの相互連絡協力を促進するための技術的措置がいくつか含まれていただけだった（Senate (France) 1978: Title V)。

この法案は、他のすべての面においても慎重な漸進主義の産物であった。第一章は、さまざまな種類の後見監督権を、廃止はせずに緩和するための措置を提案していた。県や地域圏に関する改革案は皆無で、公職兼務についても制限は何も課されなかった。イヴ・メニー（Yves Mény）が指摘するように、「ジスカール［・デスタン］の改革は、国家の中央集権的な構造に実質的な変化をもたらすのではなく、いじくり回すだけが狙いだった」（Mény

1984: 210）のである。いずれにしても、一九八〇年春に法案は上院を通過し、下院での審議を控えていたところに、翌年の社会党の圧勝による政権交代が起きた。社会党はもっと意欲的な自前の地方行政改革案を待っていた。ボネ法案（Bonnet Bill）は棄却され、結実しなかった改革の試みの山に加えられた。

官選知事と配下の名士たち

ここまでで説明したように、歴代の右派政権のもとであっても中央集権体制の持つ弊害と解決策についてては多くの議論がなされていたのだ。欠けていたのは、地方分権改革を立法化しようという決意とそのための政治資源を持つ政治主体だった。与党多数派にとっては、自分たちの地位が安泰な限り、自らの権力の一部を政敵に与えることになるような措置を積極的に推し進める説得力のある理由は存在しなかった。おまけに中央集権の現状を変えればさまざまなレベルの官僚その他の敵意を買うことになる。政権交代がないなかで──つまり政党間のダイナミクスが停滞している限りは、中央・地方の関係は主に地方政府と中央政府の関係の軸に沿って交渉された。改革は例外なくつぶされた。中央からの強要はそのたびに地方の抵抗に遭い、中央官庁と地方行政機関の連合は、対抗関係にある別の中央と地方行政機関の連合と競争する形になったからだ。

この中央集権という現状維持の政治の根幹をなすのは、「官選知事と彼の名士たち」（ジャン・ピエール・ウォルムスの言葉）の間の共犯関係であった。知事団は、フランスの行政組織の礎石であり、元パリ州の官選知事でド・ゴール内閣の内務大臣を務めた人物によると、「知事は総合的かつ卓越し、恒久的な影響力を持つ人物」である（Pelletier 1958: 1, 394）。事実、一九六四年の政令では、「県において国家の権限を保有する知事は、法律や規制、政府決定の執行を監督する。彼は政府の代理人であり、各大臣を直接に代表する者である」と定めている（Escoube 1971: 114）。しかし、ハワード・メイチン（Howard Machin）の指摘によれば、実際には「官選知事は批評家が想像したような力を振るったことはなかったし、知事システムの制度的枠組みにも創設計者が意図したような論理的硬直性はなかった」（1977: 25）。地方行政における唯一の主体ではなかったので、知事は全能ではなかった。にもかかわらず、メイチンのように万能の官選知事という神話の解体が批評の柱であった学者にとってさえも、「フランスの地方行政と政治の複雑な蜘蛛の巣の中心に存在するのは官選知事だった」のである（Machin 1977: 12）。同様に、ピエール・グレミオンも、官選知事のことを「県政における影響力のネットワークの蜘蛛の巣の中心」と呼んでいる（Grémion 1976: 59）。言い換えれば、官選知事は一部の神話が想像するような地方行政における全能の威圧的な存在ではなかったものの、きわめて重要な位置を占めており、調整役として中央と地方の関係における中心的な役割を演じていたのである。

知事団のキャリア――他の高級官僚団《グラン・コール》とは対照的だが外交官団とは類似している――について特筆すべきことは、彼らが一つのタイプの公務（この場合は地方行政）に特化して献身したことだ。他の高級官僚団に属する官僚たちは専門分野をまたいで移動することを誇りとし、一つの省庁の高官から別の省庁へと渡り歩き、その間に民間セクターの役員を務める時期を挟むこともよくあった。しかし知事の場合、流動性は主に地理的なものである（外交官も同様だ）。出世した知事の多くが、少なくとも一つの閣僚スタッフの経験者であるが、この重要な例外を除けば、彼らの大半は官僚人生のすべてを地方行政に捧げ、一つの県から別の県へと移動しながら過ごしたのである。一九七三年の時点で、県庁所在地に就任していた一〇二人の知事のうち、五〇人（四九％）が閣僚スタッフとして（通常は内務省以外の省庁の）大臣に仕えた経験があった。しかし、そのうちで中央政府の別の省庁で働いた経験のあるものは二七人（二六％）にとどまっており、四一人（四〇％）は全キャリアを通じて県またはその所在地からボヴォ広場と呼ばれる内務省本省に勤務していた（*Annuaire du Ministère de l'Intérieur* 1973）。知事のうち国立行政学院（ＥＮＡ）の出身者は当時は約二〇％のみだった。一九八〇年には、国立行政学院卒業生の割合は三五パーセントまで上昇したが、キャリアパターンはそれほど変わっていなかった。当時、地域圏に配属された一〇一人の知事のうち四三人（四三％）が閣僚スタッフの経験を持ち、三七人（三七％）がどこかの時点で別の省庁に勤務していた。三五人（三五％）は内務省の外で働いたことはなかった（*Bottin Administratif & Documentaire* 1980）。

上記のような官僚キャリアにおけるふたつの特色、すなわち地方行政への特化がみられることと閣僚スタッフの中に大きな存在感を示すことは、フランスの中央・地方関係に知事が中心的な役割を果たしている理由を少なくとも部分的には説明するといえよう。知事の一本やりの献身ともいえる地方行政への専心は、他の官僚団の間では典型的である、はるかに「移り気」なキャリアパターンとは大きな対照を成していたが、知事たちが長年の間に蓄積する豊富な直接体験の宝庫は、政策の策定にあたり彼らを無視することを難しくした。エズラ・スレイマン（Ezra N. Suleiman）の内閣の研究（全閣僚と閣外大臣の両方）によれば、知事団は、単一の高級官僚団としては突出して多く閣僚の補佐官を供給しており、すべての閣僚スタッフの合計二二九人のうち三四人が知事集団のメンバーであった（1974: 247-250）。閣外大臣（副大臣）のスタッフについても同様のことがいえ、スタッフ合計一〇一人のうち一四人が知事団に所属しており、これは他のどの高級官僚団よりも（実際、他のすべての高級官僚団の合計よりも）多かった。

中央と地方の関係における官選知事の紛れもない重要性にもかかわらず、彼らは県レベルや地域圏レベルで相当な重要性を持つ国の代理人として唯一の存在ではなかった。一九六四年の法令は、知事を「各閣僚の直接の代表者」と規定したが、いくつかの重要な管轄権が明白に彼らの支配から除外されていた。租税徴収と公会計決算は、財務省の会計主管（TPG）によって油断なく管理されていた。同様に、司法、教育、労働監督は、それぞれ検察官、教育長、労働監督官と、それぞれの所属官庁の出先機関に委ねられていた。言うまでもなく、国防省も独自の地方機関を持ち（憲兵隊を含む）、その内部の階層序列は知事からはまったく独立していた。実際、知事が公式の監督権限を与えられている行政分野についても、一般的に「各分野の長は引き続き自分たちこそが事情に通じた技術的専門家であると自負しており、知事は事情に疎く、政治的に偏った一般行政者であり、その介入は常にチェックしなければならないとみなしていた」(Machin 1977: 139-140)。これがとくに顕著だったのは、インフラ部門と農業部門の県行政サービスについてだった。これらの技術系サービスの主事は、「橋梁や道路 Ponts et Chaussées」の土木官僚団のように確立された技術系官僚団から迎えられることが多く、彼らと連携する全国ネットワークの助けを借りることができ、こうした分野における知事の職務階級上の優越性はまったく名ばかりということも多かった。

さらに、一部の地方名士は「グラン・ノータブル grands notabes」と呼ばれるほどの影響力を持ち、正式な管轄権をはるかに超えた影響力を行使していた。大都市の市長にも時にはそのような重みが、彼らが治める都市の規模や重要性のおかげで生じることがあるが、それに加えてフランスに特異な制度的取り決めによって、特定の地方名士が国政において、地方政治家としての彼らの重要性にふさわしからぬ存在感を発揮することがある。これはもちろん、複数の公職の兼務という広く行われていた慣習を指している。この現象の包括的な調査を行ったミシェル・レドレ (Michel Reydellet) は、一九七八年の時点で国会議員の七九・二%までもが少なくとも一つの地方職を兼務していたことを発見した[8] (1979: 723)。官選知事や地方行政事務の主任たちにとっては、もしも地方の政治家が同時に国政にも参与している場合は何かしら違う扱い方が必要になるであろうし、まさにそれこそが彼らの間で公職兼務がこれほど流行していた主な理由である (Becquart-Leclercq 1983: 211)。さらにまた、兼職者が影響力を持ったのは、彼らの人脈が国政にまで及んだことに加えて、自らの足場も堅かったためだ。ジャンフランソワ・メダール（Jean-François Médard）は、「地方の任務は、国政に進出するためのトランポリンとして役立つが、それと同時に、より長く在職するための保険にもなる」と述べている（1972: 145）。レドレは一九七八年三月の国会議員選挙を調査して、公職兼務が改選議員の再選の見通しを高めることを確認した（Reydellet 1979: 715-718）。再選をめざす現職議員のうち、七三・七八％が一つ以上の地方の役職を兼務していたが、二六・二一％はしていなかった。実際に再選された改選議員たちを調べたところ、七九・七六％が兼職者であり、兼職をしていなかった者の割合は二〇・二三％まで下がった。

実際、公職兼務の慣習は、下院よりも上院議員のほうがもっと盛んで制度化されていた。上院議員の九三・二％が少なくとも一つの地方の役職についていた（Reydellet 1979: 729）。上院議員の間で公職兼務の比率が非常に高い理由は、憲法が定める上院議員の選出方式と主要任務に根ざしている。「上院は間接選挙によって選出される。それは共和国の地方自治体が代表されることを保障する」[9]。実際、上院議員は県の区分に沿って編成された選挙人団によって選出され、選挙人団は下院議員、県議会議員、県内の市町村議会の代表者によって構成されるが[10]、これらの選挙人の大多数——一九八〇年代には九五％前後——は、コミューンの代表であった（Baguenard 1997: 25-26）。したがって、上院は他のなによりもコミューンの利益を代表しており、事実フランスに存在する無数の小規模コミューンはとくに、上院を通じて不釣り合いに大きな発言力を持っていた。これに加えて、上院議員の九年間の任期はフランスで最長のものであり、その結果、一部のきわめて盤石な上院議員たちが地方政策の過程で甚大な影響力を発揮するようになった事実も指摘しておこう。

こうして地方の小名士は国政や政策策定への慣習的仲介ルートを上院議員を通じて確保していたが、同時に官選知事との密接な共謀関係も育むようになった。この現象は、ジャンピエール・ウォルムス（Jean-Pierre Worms）の影響力のある研究の表題「知事と彼の名士たち"Le préfetet ses notables"」に適切に表現されている（1966）。知事は、県政における中央政府の代表者という正式な役割に加えて、中央政界における地方の利益を代表するという潜在的な機能も果たしている（Grémion 1976: 60）。ウォルムスによれば、知事と地方名士の間には、収斂的または相互補完的な利害関係に基づいた、固い団結と強力な結合による連帯システムが出現している（Worms 1966: 261）。第一に、知事と名士は争いごとを押さえ込み地域の調和を維持するため相互に依存している。第二に、両者はさまざまな規制を捻じ曲げることに共通利害を持っている。第三に、技術系の国家官僚が地方の行政に干渉することを排除することは共通の利益となっている。第四に、両者とも中央政府との関係において自己決定の余地を温存することを望んでいる（Worms 1966: 261-271）。ウォルムスが指摘するように、知事と名士たちのこうした共謀の関係は、変化に対する強い抵抗感を双方に生み出すことになった（Worms 1966: 272-275）。ウォルムスが言及する保守的な影響の中には、コミューンの細分化の永続や、フランスの地方エリートの驚異的な安定性も含まれていた。

というわけで、徹底した地方分権改革は非常に難しかった。なぜなら、メイチンが指摘するように、「地方行政制度改革に関する無数の法律や法令、通達は、ほぼすべてが妥協の産物であり、交渉の過程でもっとも急進的な改革提案は拒絶されてしまう」からである（Machin 1977: 65）。知事団は、他の官僚団（「橋梁や道路」土木官僚団も含む）と同じように、一九六〇年代から七〇年代にかけての地方分権化の試みに敵意を示した（Machin 1978: 143-144; Suleiman 1981: 74-77）。こうした集団は、地方名士たちとの共謀により、中央の政治指導者たちよりも優位に立つことがしばしばであった。なぜなら、実際には、「国の地方行政の長である官選知事と地方議会が改革を実施する責任を負っており、それゆえ彼らが実質的な変化を起こすかどうかを決める実権を握っていたからだ」（Machin 1977: 65）。この居心地の良い「官僚と名士の馴れ合いシステム」は、その中心にある「知事と彼の名士たち」の存在とあいまって、次第に社会変化への対応能力を失っていったことも指摘されている。このシステムの外部から生じた新しいエリートや新しい社会勢力が、彼らの政治的、社会的、行政的な仲介機能の独占体制に異を唱え、それを揺るがし始めていたからである（Hayward 1982: 119）。それでも、このシステムは外部からのイニシアティブを阻止し、オルタナティブな権力形態の出現を阻止することにおいて、驚くべき有効性を示した（Worms 1966: 273）。このように、保守支配の時期における地方分権化の政治過程は、諸政府間および省庁間の抗争が陥った頑強な膠着状態にこそ、その特徴があった。

日本——保守国家の強固な支配力

占領統治下で、民主化と行政制度の地方分権化が一定の進展を見せたが、戦争に負けたにもかかわらず保守支配エリートには戦前からの連続性が目立った。多数派与党は法案作成においてエリート官僚の能力に依存しており、アメリカから強要された民主化をさらに進めることにはまったく関心を示さなかった。その結果、占領初期に行われた改革の後には、地方分権をさらに進める改革はいっさい続かなかった。ほとんどの取り組みは、地方自治体の境界線をどのような形で引き直すかを主眼としており、しかも結局はその大部分が失敗に終わったため、ほぼ何も達成されなかったのである。むしろ日本は、高度経済成長の時代に「新たな中央集権化」を迎えたという見方が一般的である（新藤 1988: 51-54）。

戦前の日本では、大正デモクラシーによって男子普通選挙が国も地方も含めたすべての段階で実現した。またこの時代に初めて市長職も市議会によって選出される間接選挙になった。[11] 都道府県の知事職を公選制にせよという要求も、この時期に次第に強くなった（都丸 1982: 123-128）。しかし軍部の支配が強まってくると、こうした民主化に向けた控えめな前進も、じきに押し戻されてしまった。市長職は再び官選に戻り、地方行政における中央政府の支配が改めて明確にされた。また軍部の主導する政府は地方行政の広域化を実験的に導入して、政策調整の改善や、縦割り行政の克服を図ったが、完全な実施に至る前に戦争が終結したため、実験は中断した（都丸 1982: 177-179）。

戦後の日本は、四六都道府県と約一万の自治体を正式な行政単位として出発した。[12] 一九四六年、連合国軍最高司令官（ＳＣＡＰ）は市長職と知事職を直接選挙による公選制と定め、内務省は一九四七年末に廃止された。新生の民主主義国家における地方自治の原則に確固とした基盤を与えるため、地方自治法が一九四七年五月三日、新憲法の公布と同じ日に施行された。都道府県はいまや正式に完全な地方自治体となり、市町村もそうなった。これにより、市町村という地方自治体が都道府県の下位の階層として従属することは少なくとも名目的にはなくなった。しかし現実には、それほど劇的な変化があったわけではない。機関委任事務という行政制度が導入され、中央政府が特定の政策の実施のために都道府県を事実上の国の事務処理機関として引き続き利用できるようにしたため、地方への大幅な権限移管は回避された。そのため本当のことをいえば都道府県は未だ完全な地方自治体ではなく、地方自治体としての役割と、中央省庁の下位機関としての役割の両方を引き受けることになったのである。このことがまた、都道府県と市町村の間の上下構造の継続を確実にした。とくに都道府県が国の代理機関の資格で市町村に接する場合や、市町村が都道府県の監督のもとに動くときにはそうであった。

機関委任事務に加えて、地方自治体職員に関する他のふたつの行政上の取り決めが、戦後の地方自治の原則に重大な制限を加え続けた。「地方事務官」制度は、特定の政策分野の都道府県職員に例外を認めており、[13] 彼らは同僚と同じ都道府県の職員ではなく、国家公務員の身分を維持することができた。また「必置規制」の条項も、中央省庁が法令や通達により地方自治体に対してさまざまな行政機関[14]や役職[15]の設置を義務づけ、細かい規制を行うことを可能にしたことにより、地方自治体が地元の行政を自主的に管理する権利を制限した。したがって、連合国軍占領下で日本の行政制度の民主化と地方分権が進展したことは否定できないものの、中央による支配も強力な要素として並存していたのである。

終戦時に日本の地方行政構造の上部層を形成していた四六都道府県は、明治憲法発布前夜の一八八八年に基本的な枠組みが設定されて以来、ほぼ変更がなかった。戦後のフランスの地方分権政策と同じように、日本においてもそれはなによりもまず機能主義（民主主義ではなく）の議論であり、行政の効率と現代の経済的ニーズに焦点を当てて、日本の取り組むべき政治課題として広域地方行政区画化の理念を掲げていた[16]。地方行政に関するいわゆる神戸委員会が連合国軍占領下の時代にすでに、現行都道府県制度に代わりうるものとして数種類の広域行政区画案を出していたのは示唆的だ（Samuels 1983: 129-130）。連合国軍最高司令官の目標が日本の民主化と軍国主義排除から経済再建へと切り替わるにつれて、このことの重要性は増した。

一九五四年に、地方六団体のうちの四団体、すなわち全国市長会、全国市議会議長会、全国町村会、全国町村議会議長会[17]がそれぞれ独自の広域行政区画の提案を発表した（川西 1966: 70-83）。四つの提案はいずれも既存の都道府県制度を何らかの形で改変することを勧告していたが、新たな行政区画として彼らが提案するものには無視できない相違があった。

結局、これらの答申はどれも実際の変更にはつながらなかった。その後、自治省が、地方制度調査会を使って、一九五〇年代後半から六〇年代にかけていくつかの答申を発表したが、それはいずれも与党自民党の十分な政治的支持を得ることができず、議会を通過することはなかった。一九六八年から七〇年にかけて、再び地方分権プロジェクトが推進された。この時は日本商工会議所と関西経済同友会に代表されるビジネス界からの働きかけだったが、自治省でさえその頃にはもう地方分権の理想を追求することには消極的だった（坂田 1977: 557-571）。全国市長会は、この提案を支持したが、全国知事会は当然ながら強く反対した。激しい議論が戦わされた挙げ句に、今度もまた提案は実を結ばなかった。

このため、戦後日本の広域地方行政区画化の歴史は、現状維持の物語と呼ぶのがふさわしいだろう。保守の政治家はリーダーシップを発揮せず、中央官僚たちはおざなりな対応だった。これは、フランスの広域地方行政区画化を特徴づけた漸進主義と比べてさえ見劣りがした。一九七二年に米国に占領されていた沖縄が返還されたことが、都道府県制度に起きた唯一の変化であった。しかし戦後の保守政権は、市町村合併に関してはもっと成果をあげた。[18] 一九五三年以降は財政健全化の圧力のもと、全国市町村会の強い支持を受けて「昭和の大合併」が遂行された。[19] 法案の通過は抵抗を受けたが、いったん障害が取り払われると市町村合併は急速に進んだ。その結果、一九五三年一〇月には九八六八の市町村（二八六市、一九六六町、七六一六村）が存在したが、五六年九月には三九七五市町村（四九八市、一九〇三町、一五七四村）に激減した（『データブック日本の行政』1999: 187）。財政的なインセンティブに加えて、多くの市町村合併には市への昇格という誘因があった。[20]しかし、市町村への権限の再配分は、大胆な合併が掻き立てた期待に反して、決して起こらなかった。

一九七〇年代末から八〇年代前半にかけて、自民党政権のもとでの現状維持の地方行政政策が戦後の日本に新たな「中央集権化」をもたらしたという認識が広まった。[21]未解決である戦前の国家体制の遺制の問題は、機関委任事務にしても、地方事務官にしても、必置規制にしても、なに一つ解決されなかったし、大いに期待されていた職権と財源の地方自治体への再分配も実現しなかった。実際には、省庁の委託業務は戦後の高度成長経済の時期を通じてずっと継続したばかりか、一九五〇年代前半に比べると二倍以上に膨れ上がったのである。地方自治の運命は、国土開発の分野においても、同様に振るわなかった。中央省庁や政府系の特殊法人が地方の行政事務を通じて次第に権限を手中に収めていき、地方自治体を完全に迂回するようになってしまった。

このような中央主権化の傾向は、実は政権を握る保守政治家たちに下支えされていた。ジェラルド・カーティス（Gerald L. Curtis）が指摘したように、自民党は「日本の唯一の支配政党として利用できる資源をすべて使って、自らの支配を永続させようとしてきた……日本の政策立案は官僚が牛耳っているという一般的な固定観念とは裏腹に、自民党はせっせと政府財源を使って支持者の恩に報い、新たな支持者を開拓し、政府の優先順位を並べ替えてきた」のである（1988: 45-46）。戦後の政治に無敵の地位を築いた自民党が好んだ手法は、政治的に慎重な扱いが必要な政策案件を直接管理し、そのなかで可能なものについてのみ国家官僚に委ねることだった。そして官僚は、必要に応じてそれを機関委任事務に回した。意思決定権と財源を地方自治体へ移管することは、そのような政治手法とは相容れない。自民党がきっぱりした地方分権政策の追求を避けていたため、中央集権主義の停滞は続いた。

政治と行政にまたがる政府間の恩顧主義

自治省は日本の中央・地方関係において中心的な役割を果たしたが、その実力と野心については、しばしば誇張した主張がなされてきた。[22] たしかに戦前の政治体制における内務省は、省庁のなかでもとりわけ歴史が古く、威厳があり、強力だったが、[23] まさにそうした中心的な役割ゆえに、連合国軍最高司令官は日本の民主化と軍国主義排除のために内務省の廃止を不可欠の条件とみなした。内務省は一九四七年の末に解体され、地方局（県を最上位とする地方行政機関に派遣された多数のエリート官僚の本拠地）は、単なる総理庁の一部門（官房自治課）に格下げされた。しかし、すでに一九四九年には、総理庁官房自治課は地方財政委員会との統合により、地方自治庁に昇格した。その後さらに数回の組織再編を経て、一九六〇年に地方自治庁は自治省へと昇格した。[24]

戦後の日本においても、自治省は引き続き、もっともエリート主義的な省庁の一つであり、職員は高い比率で東京大学法学部の優秀な卒業生の中から採用されていた。**表2-1**は、自治省のトップまで昇進した人々のキャリアパスを示している。一九四九年から二〇

表 2-1　自治省の歴代事務次官のキャリアパス

大学	学部	次官就任前に経験した部局長ポスト				事務次官在任期間
東京	法					*1949*
東京	法				地方財務委員会	*1949–1950*
東京	法			連絡行政部長	財政局	*1950–1958*
東京	法			行政局	財政局	*1958–1963*
東京	法			税務局	財政局	*1963–1963*
東京	法			税務局	副知事（鹿児島県）	*1963–1966*
東京	法		大臣官房	税務局	財政局	*1966–1969*
東京	法			税務局	財政局	*1969–1971*
東京	法		選挙局	行政局	財政局	*1971–1972*
東京	法	選挙局	自治大学	財政局	消防庁次長	*1972–1973*
東京	法		大臣官房	行政局	消防庁次長	*1973–1973*
東京	法	大臣官房	税務局	財政局	消防庁次長	*1973–1976*
東京	法		大臣官房	財政局	消防庁次長	*1976–1977*
九州	法			税務局	財政局	*1977–1978*
東京	法			行政局	消防庁次長	*1978–1979*
東京	法			税務局	財政局	*1979–1981*
東京	法	地方振興局（国土庁）	大臣官房	行政局	消防庁次長	*1981–1982*
東京	法		地方振興局（国土庁）	税務局	財政局	*1982–1984*
東京	法		税務局	大臣官房	財政局	*1984–1986*
東京	法				財政局	*1986–1987*
東京	法				行政局	*1987–1989*
東京	法		大臣官房	税務局	財政局	*1989–1990*
東京	法			大臣官房	財政局	*1990–1991*
東京	法			大臣官房	財政局	*1991–1993*
東京	法		地方振興局（国土庁）	行政局	大臣官房	*1993–1994*
東京	法			税務局	財政局	*1994–1995*
東京	法				行政局	*1995–1996*
東京	法			大臣官房	財政局	*1996–1999*
東京	法			地方振興局（国土庁）	行政局	*1999–2000*
東京	法			大臣官房	財政局	*2000–2001*

注 : 自治省は 1952 年までは地方自治庁であり、1960 年までは自治庁だった。

〇一年までの間に、一人を除くすべての事務次官が東京大学法学部の出身であり、東大卒業生の圧倒的な優位ぶりは、エリート主義の中央省庁のなかでも突出していた。

しかし、自治省の官庁としてのもっとも重要な性格は、職員の職務の「二重性」であった。自治省の官僚は中央の政策を地方に伝達するのが仕事だが、その一方で彼らは中央において地方の利益を代表する役割も果たしていたのだ。

自治省の本省は異様にコンパクトで、職員の多くはキャリアの大半を首都以外の場所で、地方公務員として過ごしたのである。言い換えれば、自治省は地方自治体の職員トップを派遣する一種の代理店として機能していたのである。これは広く行われていた割愛人事の慣行によるもので、中央官僚が正式に国家公務員を辞職し、改めて地方自治体によって雇用されたのである。

都道府県はとくに、自治省から派遣される人材に大きく依存していた。一九八五年に収集されたデータによると、行政職のトップに自治省官僚出身者がいないのは四七都道府県のうち三つだけだった[25]（東京、愛知、沖縄である。しかし、東京都知事と愛知県知事はともに元自治省官僚であった）。都道府県知事は戦後すぐに公選制になったのだが、その知事の間でさえ自治省官僚出身者の割合は高かった。戦後期にこれらのポストが公選制になったにもかかわらず。一九八五年現在の同様のデータでは、四七人の知事のうち元自治省官僚は一六人である。

自治省が一種の帝国を築いていたということはできるが、その帝国には皇帝も単一の司令塔も存在しなかった。自治省は日本の省庁のなかでは常に例外的な存在であり続け、退職した高級官僚のための民間企業や準公共部門への天下りポストを多数抱えることも長らくなかった[26]（堤 2000: 342-348）。自治省のエリート官僚のキャリアは大半が、どこかの都道府県を終着駅としており、むしろ多くの官僚がそもそも自治省を選んだ理由は、最終的にどこかの知事か大都市の市長になるという野心に基づいていたのである。言い換えれば、自治省そのものが官僚の最高ポストのために地方自治体に依存していたのである。したがって、自治省はたしかに地方自治体のさまざまなレベルにつながる複雑な政府間ネットワークにおいて中心的な位置を占めていたものの、自省の人材を送り込んでそれらを操る強固なピラミッドの頂点にいたというわけではなかった。自治省は地方の（とくに都道府県の）圧力を受けやすく、彼らの発案が地元の抵抗を受けたり骨抜きにされたりすることも珍しくなかった。

公選される知事を含め地方行政の最高ポストの実に多くが自治省の職員で占められていたことから、地方自治体や他の中央省庁は、自治省が自らを地方分権と地方自治を推進し保障する機関だと主張しても、当然ながら疑いの目を向けた。自治省はまた、猛烈な省庁間の抗争にも直面させられた。自治省は決して日本国内の政府間関係を独占していたわけではなかったからだ。他の多くの省庁も都道府県に自前の出先機関を持っており、それらは都道府県から（また自治省からも）完全に独立していた[27]。また定期的に中央の職員を送り込んで、地方公務員として都道府県の特定の行政ポストにつかせていた[28]。自治省とは対照的に、他省庁から送り込まれた（地方の分局に配属されるか、都道府県の職員として）国家公務員の忠誠は、通常は東京の本省にとどまった。なぜなら、本省が省内における彼らの最終的な階級序列に基づいて最終的な天下り先を世話したからである。その結果、日本の国家行政機構を特徴づけるいわゆる「縦割り行政」が都道府県レベルにまで拡大した。自治省は概ね、中央でも都道府県でも、数多の中央省庁の中の一つにすぎなかった。自治官僚は、フランスの官選知事が持っていた「国の代理人」としての正式な称号さえ持っていなかったのである。

自民党一党支配のもとでの縦割り行政による強固な締めつけを背景に、地方自治体は自民党の国会議員と中央省庁の官僚の両方に依存して補助金や公共事業の獲得をめざし、また省庁間の競争による膠着状態の克服を図った。たしかに、保守派の国会議員にとっては自分の選挙区に助成金を取ってくることがもっとも重要な仕事であると一般的に考えられており、実際そのような行為こそが国政レベルの政治家と地方レベルの政治家の間の緊密な恩顧主義的関係の基盤をなしていた[29]。財源や恩顧と引き換えに、自民党議員は地方議員（とくに都道府県議会の議員）に票のとりまとめを依存していた。とはいえ自民党は正式な党の地方支部を開拓することはせず、その代わりに個々の国会議員への個人的な支援団体（後援会）に依存し、そこに保守派の地方名士が結集していた。与党自民党は、政権の座が安定している限り、この仕組みを変える必要があるとはさらさら考えていなかった。

政府審議会における省庁間の膠着状態

戦後日本における地方分権政策プロセスの主要な現場は、一九五二年に初めて正式な政府審議会として立ち上げられた地方制度調査会だった。当初の抱負は、その当時できたばかりの地方自治体制度の継続的な改善のため、最古の政府審議会の一つとして、すべての関連事象を網羅した幅広い視野を持つことだった。しかし、ほどなく地方制度調査会は次第に自治省と同一視されるようになってきたため、その結果として調査会の影響力もまた自治省の管轄領域に沿って制限されてしまった。地方制度調査会のメンバーの要件を規定した法律は、①国会議員、②地方議会の議員、③地元の首長や他の地方自治体職員、④地方行政の「有識者」の中から任命されると定めていた。この「有識者」には、学者、ジャーナリスト、企業幹部に加えて、自治省と大蔵省の退職官僚が数名含まれていた。そして判で押したように、自治省出身者の数が大蔵省出身者の数を上回った。官僚人事の常として、ここに偶然が入り込む余地はなかった。自治省が地方制度調査会において優位に立ち、大蔵省は限定的な参加が認められ、それ以外の省庁はすべて締め出されるという人員構成だったのである。

地方制度調査会における政策決定の方法は次の通りだ[30]。具体的な審議事項が自治省によって、調査会の運営委員会との協議の上で決定される。審議事項が決定すると、自治省が関連資料と説明を提供し、委員は質問を行い、必要と判断すれば追加資料を要求する。その後、小委員会または部会でさらに詳細な審議が行われる。この審議を経て、審議会の学識経験者で通常は構成される起草委員会が設置され、答申の要点がまとめられる。実際の答申草案の執筆は政府側の幹事が担当する。この草案は、起草委員会から小委員会を通過した後、調査会の総会で承認を受ける。最後に、地方制度調査会の会長が答申を首相に提出する。原則として、答申は総会の場で満場一致で承認され、多数決による決定が行われることは非常にまれである。それにもかかわらず、「答申された内容は実行に移さなければならない。しかし、多くの調査会と同様に必ずしもそれが全部実行されたわけではない。地方制度の根本に関するような答申は、むしろ、ほとんど実行されていないという方が正確であろう」と、元自治省官僚が認めている(荻田 1979: 43)。

このように、地方制度調査会の枠組みには明らかな限界があった。最善の場合は調査会の主要構成員(主に自治省と地方六団体)の利害を調整することができたが——それでさえも、何度も交渉を重ねる必要があり、より抜本的な提案がしばしば犠牲にされたが——地方制度調査会からは、重要な地方行政を担う他の多くの省庁の利害が除外されていた。これらの省庁は常に都道府県に人員を送り込んでおり、地方の政策に強い利害関係を持っていたにもかかわらずである。これらの省庁やその族議員たちの観点からすれば(そして財政と租税の問題に関して常に自治省と意見を異にする大蔵省の観点からも)、地方制度調査会は自治省とその庇護下にある地方自治体職員の代理機関であり、そこが出した答申によって日本の中央・地方関係が仕切られるいわれはなかったのである。

姜光洙(1998: 5-23)によると、第一七回地方制度調査会(一九七七年~七九年)は初めてこの限界を克服する試みを行い、地方分権の問題をより広い行政改革議題の中に位置づけた。自治省と大蔵省との間に妥協が成立した結果、地方制度調査会は、地方分権を中央政府と地方自治体の両方の行政財政改革の一環として推進することになり、そのためには内閣に強力な組織を設置し、調査会の勧告を地方自治体との協議に基づいて迅速に実施することを確実にすべきだと答申した。それ以降、地方分権については、より包括的なメンバーで構成される連続的な政府審議会で議論されることになった。こうして、第二次臨時行政調査会（一九八一年〜八三年）や三次にわたる「臨時行政改革推進審議会」（八三年〜八六年、八七年〜九〇年、九〇年〜九三年）では、地方分権が政策決定過程の主要な戦場となった（姜1998）。とはいえ、地方制度調査会も引き続き存在し、一定の役割を果たしていた。しかし、交渉の場が全省庁を含んだ包括的な土俵へと移行したことは、重要な改革案を合意に漕ぎつけることをいっそう困難にした。各省庁にまたがる新たな審議会は多数の答申を出し、機関委任事務の削減や、地方自治体の統合による適切な受け皿づくりを、国から地方に行政職務を移管するための前提条件として提案したが、たいして達成されなかった。中央省庁からの抵抗や地方自治体からの抵抗があったこと、そして根本的なところでは与党自民党の対応が冷やかで、突き放したものだったからだ。おまけに、臨時行政調査会と三次にわたる臨時行政改革推進審議会（行革審）の過程を通して、地方分権に対するアプローチは常に、より広範囲の、より重要な行政改革、とりわけ小さな政府という目的を達成するための一手段という位置づけだった（松本 2000: 18-19）。やがて、財政再建がさほど差し迫った問題ではなくなると、地方分権への興味はさらに冷めてしまったが、ようやく第三次行革審のなかで、新たな熱意を持って取り上げられることになった。そのきっかけの一つは審議会の関連部会の長を務めた細川護熙の、きわめて個人的な関心であった。

第三次行革審自体は、わずか九名――雇用者団体三名、労働組合二名、官僚出身者二名（大蔵省と自治省）、ジャーナリスト――で構成され、事務局は総務庁が率いる省庁混成チームだった。審議会の下に置かれた細川護熙の部会（地方分権と他のさまざまな内政政策を担当する「豊かなくらし部会」）は、三〇人ものメンバーを擁していた。[31] 予想された通り、第三次行革審における政策プロセスは、結局は官僚の抵抗を迂回し、乗り越えようとする試みの繰り返しに終わり、最終的にはたいした成果は得られなかった。審議会は、地方分権特例制度の導入によって打開を図ろうとした。これは特定の「パイロット」自治体に権限を移管することによって大胆な地方分権の実験を行おうという試みだった。しかしこの案は、中央省庁からの強い反対に遭い、徹底して骨抜きにされた結果、もはや新制度を実施するための新たな立法さえ必要としなくなってしまった（臨時行政改革推進審議会事務室 1994: 146-187）。細川は憤慨して審議会を辞任し、一九九二年に日本新党を立ち上げて、政治の世界へと戻っていった。

一九九三年一〇月に第三次行革審が最終答申を提出した頃には、細川はそれを受け取る側になっていた。三八年ぶりに成立した非自民党政権の総理大臣に就任していたのだ。答申に書かれたおなじみの項目はすべて――職権の再分配、機関委任事務の合理化、市町村合併や都道府県連合の望ましさなど——以前と変わらず、官僚の抵抗はこれまでどおり激しかった。しかし、政権交代が起きた結果、多数派与党の顔ぶれが変わり、地方分権の実現に向けて、ようやくチャンスがめぐってきたようにみえた。

第3章　野党時代に準備されたオルタナティブ

前章では、フランスと日本における保守政権のもと、総じて停滞気味に終わった地方分権改革の取り組みを説明した。本章ではそれとは対照的に、この低迷期に、保守政権の枠組みの外で野党や市民社会の地方分権派が用意しつつあった「オルタナティブ」な地方分権政策について概観する。

フランスと日本の社会党（フランス社会党と日本社会党）は、万年野党に甘んじていた時期にイデオロギー的な変革を遂げ、中央集権主義の伝統を改め、急進的な地方分権政策を採用、新たな政策綱領の中心項目に据えるようになった。それによって政党アイデンティティの再構築を図り、保守政権のもとで永続する中央集権に対抗し、民衆の支持を受けたオルタナティブになろうとしたのである。

両国の野党は、それぞれに盤石の右派政権に立ち向かっており、政権奪取のため自らを「本物」の国民の代表に作り変える手段として、大胆な地方分権改革を主張するようになった。野党は、イデオロギー的な刷新を通じて政策アイデアの面で政治資源を補充し、政党間競争を勝ち抜く力をつけていこうとしたわけだが、この動きと手を携えるように、組織面においても政治資源の刷新が進められたことを忘れてはならない。これらの左派野党が、地方選挙レベルで勝利を重ねていったことはとても重要な要因であったのである。

しかし、この二国の事例は、時間の経過とともに大きく分岐するようになる。日本社会党が、地方レベルでの躍進を国政選挙の勝利に結びつけることに失敗した一方で、フランス社会党は野党時代に用意したオルタナティブな政策の人気に乗って、大統領の座と国民議会における過半数をともに手に入れることに成功したのである。とはいえ、日本でも左派の革新自治体のいわば遺産の中から、次第に多様な地方分権主義のイデオロギーや中央の自由民主党政権の外部に政治勢力が出現するようになり、のちに自民党の一党支配の終焉とともに始まる連立政権の時代に、彼らの政策課題に影響を及ぼすことになった。

本章では、野党と地方分権のダイナミックなメカニズムを確認するため、フランス社会党と日本社会党に顕著にみられた政治主体間の具体的な相互作用のプロセスと、野党が直面した観念的、制度的、社会経済的な構造を分析する。

地方分権政策とフランス左派の再生

フランスの主流をなす政治言説において、ジャコバン共和主義の流れを汲む中央集権論（「不可分の共和国」への固執）は、戦後も頑強な影響力を持っていたが、一九六〇年代半ばからは、地域圏《レジオン》の創設（地方における広域地方行政区画化）や労働者や市民による自治・自主管理《オートジェスティオン》を説くさまざまな議論による挑戦を受けるようになった。[1] 地方分権（すなわち、単なる行政機能の分散ではなく政治権力の委譲）と地方経済計画の両方を含む地域主義論が多様な政治指導者によって提唱され、彼らはやがて社会主義という共通の旗印のもとに集まってきた。彼らの見解では、中央集権は経済的に不公平であり、文化的な貧困を招くものであった。彼らの掲げる新しい国家のアイデンティティと社会主義政策に基づく新ブランドは、『複数形のフランス *La France au pluriel*』という示唆的な表題の党の重要な出版物に要約されている（Parti Socialiste 1981）。一方、自主管理の理念は、地方行政への市民の参加を拡大することによって市民が自らを統治する能力を高め、それによって市民権の概念を刷新しようとするものだった。地方分権の大儀を引き受けた政治勢力は、最終的に一九八一年の選挙でフランソワ・ミッテラン率いる社会党のもとに結集し、中央・地方関係にかかわる既存の政策を改革しようとした。

フランスの左派が地方分権の大義に傾倒したことは、イデオロギー的に見て、決して

「自然」なことではなかった。イヴ・メニーが指摘するように、左派が県やコミューンのレベルでの地方分権的な政策を肯定するときは、常に強力なジャコバン主義的な中央集権という反作用を伴っていた（Mény 1974: 119-122）。事実、行政権が官選知事から地方の政治家に移管されたならばフランスは無政府主義的な連邦制度に陥り、国家が破裂してしまうという悪夢をあおり非難するようなジャコバン派が、左翼の大多数を占めていたのである。メニーは、なぜ社会党が地域圏に対して強い抵抗を示し、コミューンや県に対しても守旧的な態度をとり続けるのかについて、ふたつの説明を挙げた。第一に、フランス社会党が伝統的に地方レベルで根強い支持を確立していたことから、彼らは「名士病 notabilisme」に陥り、地元の利益を現状維持と同一視する保守主義に走った。実際、社会党は、「口では地方分権主義だが、本音は保守」と言われていた。第二に、ヴィシー政権が地域圏を創設した過去への反発があり、地域圏が社会党の目には不名誉なものに映ったことも無視できない。戦後廃止された地域圏の復活は、反革命で反共和制の右翼思想であるとする古くからの固定観念がつきまとっていたのである。

党勢復活のための新理念を探して——労働者インターナショナル・フランス支部から社会党へ

社会党が立ち位置を地方分権主義の方向へと明確に転換することを可能にしたイデオロギー的な刷新は、社会党自体の刷新と同時に進行していた。一九五八年当時、社会党の中核だった労働者インターナショナル・フランス支部（以下、ＳＦＩＯ）は、同年の第五共和

政の開始をかなり惨めな状態で迎えた。社会党の政権獲得までを追ったある分析によると、

一九四六年に書記長に選出され、二〇年以上もその地位にとどまったギ・モレ（Guy Mollet）のもとで、この政党は、マルクス主義の美辞麗句とビジョンのないプラグマティズムという異様に魅力のない組み合わせをひねり出した……組織と政策の両面で、党は目に見えて動脈硬化に陥った。党員数は先細り、支持者も全国的に減少を続け、批判者の数は増大し、党は完全な幻滅状態に陥った……行動と言葉のギャップがあまりに大きくなったため、一九五八年に第四共和政が終焉を迎えるころには、労働者インターナショナル・フランス支部（ＳＦＩＯ）は完全に信用を失った。（Bell & Shaw 1983: 19-20）

それにもかかわらず、ＳＦＩＯはさらに一〇年にわたる衰退の途をよろよろとたどり、ついに一九六九年に解散した。

その間に、フランスでは戦後、社会経済が劇的に変化し、少数左翼政党やクラブやグループが、ＳＦＩＯもド・ゴール主義の多数派も取り上げなかった新しい声を、次第に明確に打ち出しはじめた。一九六〇年代のフランスは、「栄光の三〇年間 Les Trente Glorieuses」とも言われる三〇年にわたる戦後の経済成長のまっただなかであった。フランス社会は急速な工業化と都市化を遂げつつあった。こうした変化は、戦後世代の教育基準の向上と相まって、新たな政治的要求を呼び起こした。一方では、遅れて出現したフランスにおける大都市圏

が新たな問題を生み出していたのだが、地方自治体の時代遅れのシステムはそれに適応できておらず、無力で、反応が鈍いように見えた。他方では、経済発展がフランスの地域間で公平に分かち合われていないという問題意識が高まっていた。一部の地域が発展から取り残され、見捨てられ、忘れ去られたとさえ言える状況だった。これらの地域では、自分たちは政治的、経済的、そして文化的にさえも中央政府に支配され、依存しているという怨嗟《えんさ》の声が渦巻いた。彼らの苦境に中央政府はほとんど注意を払わなかったのである。

こうした社会の不満に対し、SFIOの主流派が鈍感なままであったことは、一九六〇年代末期の一連の出来事で証明された。

それは一九六八年五月の「事件」と、翌年にド・ゴールが仕掛けた国民投票だった……それはSFIOの終わりを告げる弔鐘《ちょうしょう》となった。既成の左派政党は学生の暴動と労働者のゼネストにまったく用意ができておらず、彼らがうろたえているうちにポンピドゥ首相が年内に議会を解散し総選挙による反撃を仕掛けるのを許してしまった……ド・ゴール大統領が一九六九年に国民投票にかけた広域地方行政区画化と上院議会改革の提案はSFIOをさらに困惑させた。名士システムに依存するようになったため、SFIOは改革に反対せざるをえなかった。とりわけ上院における主要な権力基盤の実質的な廃止は許すわけにいかなかったが、それに対する明確な代案を持っているわけではなかった。それに続く大統領選挙では、SFIOの候補者であるドフェールはわずか五%

という情けない得票数に終わり、左派は決選投票に進むことさえできなかった。
（Keating & Hainsworth 1986: 57）

SFIOが一九六〇年代にはもう地方名士ばかりの停滞した政党になっていたことは、国民議会で出馬時に市町村長を務めていた議員の割合が増えていったことからも明らかだった。一九五六年の選挙では三五%にすぎなかったものが、五八年は六八%となり、六二年は七二%、六七年は七一%となっていた（Simmons 1970: 201）。実は、ガストン・ドフェール（Gaston Defferre）自身はSFIOのなかでは少数派のリーダーであり、党を再活性化させるための新しいアイデアや人材を求めていたのである（1965）。党の多数派は、一九六九年の大統領選挙後までは、モレの息詰まるような支配のもとにとどまっており、おかげでSFIOの教条的社会主義はまったく中身を欠いたものになってしまった。「『党の教義は今やバイブルと化したようだ。我々はそれを変更することも、信じることも拒絶している』と、ある議員が言ったように」（Wilson 1971: 66）。

一九六九年の同じ大統領選挙で、統一社会党（PSU）という小党のミシェル・ロカール（Michel Rocard）が三・五%の票を集めた。これは、ドフェールの得票が壊滅的であったことと比較して評価された。たしかに、統一社会党はSFIOの初期の一派閥でもあり、これまで主流の社会主義者が危険を承知で取り込む努力を怠ってきた新しい政治的勢力の、もっとも目立つ代表者であった。ロカールと統一社会党は、社会主義イデオロギーを刷新するきっかけになった。[2] 以下に詳細を論じるように、ロカールは影響力のある政治家では初めて本格的な地方分権を主張した一人であった。彼はまた、一九六八年五月の主題であった自治・自主管理を採択した最初の政治指導者の一人であり、これが一九七〇年代の新しい社会党（ＰＳ）の中心的信条となった。

こうして社会主義イデオロギーの改革はまずＳＦＩＯの外で進められたのだが、政権担当可能な政治勢力として社会党が再生するには、刷新されたイデオロギーのもとに、ＳＦＩＯに所属していた者もそうでない者も、すべての社会主義者たちを結集させる新たな政党が受け皿となることが必要であった。一九六九年の大統領選挙で壊滅的敗北を喫したことに、もし前向きな影響があったとすれば、そのような努力が直ちに始まったことであった。ＳＦＩＯは社会党に取って代わられ、モレは指導部から降りた。一九七一年、エピネーで開催された社会党の事実上の結党大会で、フランソワ・ミッテラン（一九六五年にド・ゴールへの強い対決姿勢を見せて以来、非共産系左派の間で広範な支持を受けていたリーダー）が党に加わり、書記長となった。一九七二年には、地方分権の推進を含む「左派共通政策」が、社会党、共産党（ＰＣＦ）、急進左派運動（ＭＲＧ）によって合意された。一九七四年の大統領選挙で、ミッテランは左翼の統一候補として立ち、決選投票で四九・二％を集めヴァレリー・ジスカール・デスタンをあと一歩で破るまでに迫ったことで、指導者としての地位をさらに固めた。その年の後半、選挙ではミッテランの顧問を務めていたロカールも統一社会党を離れて社会党に参加した。社会主義者たちは着実に政治的な再生に向かいはじめた。

新しい理念――地域主義と自治

地方分権政策は再生したフランス社会党（PSF）によって信奉された。実際、広域地方行政区画化（地域主義）や自治・自主管理のような地方分権的な主張が、刷新された社会主義のなくてはならない部分であった。地方分権問題に関する社会党のイデオロギー的変容は、背景にある社会主義のレトリックが提供する連続性によって可能になった。ジャコバン主義がそれまでフランス社会主義の教義の一部を形成していたとするならば、今やそれと同じ社会主義的課題（階級闘争など）により役に立つのは地域政策と自主管理であるという立論がなされたのである。その過程で社会主義が捨てられることはなく、ただ新しい解釈がなされただけだとされた。最初は弱小グループによって紹介された広域地方行政区画化と自主管理の主張が、新たな社会党の政策の中心的地位を占めるようになったのである。

地方の民主主義拡大の要求と相まって、社会党の思想の後の発展に強い影響を及ぼした地域主義を提唱したのは、ミシェル・ロカールの画期的な報告書『地方の脱植民地化 *Décoloniser la province*』だった。ロカールは社会主義をあらゆる人的支配との戦いとして定義し、フランス国内の開発の遅れた地域に対する中央政府の支配という国内植民地の問題に注意を喚起した（1966）。ロカールは、地方の自立的な発達の探求が、今日の階級闘争の根幹部分であると主張した。地方の発展は経済的な問題であると同じほどに民主主義の問題でもあった。「フランス国民の経済的な将来のためには、完全な民主主義への希求に呼応するいくつかの決定が必要である。それゆえ我々は、ここに提案する政策が社会主義の恒久的な伝統に沿ったものだと認識している」。具体的にはどのような措置を彼は提案していたのだろうか？　ロカールの主張では、地方の自立的な発展は、地方の主要都市を強化するために財政機関と並んで教育研究機関を持たせることによって実現させることができる。リスクを取ることが経済的自立の前提条件なので、官選知事やその後見監督権を廃止して、地域圏に本格的な政策決定権を与えるべきである。新たな社会状況と政治参加への要求の増大をきちんと反映するため、地方自治制度も三層制へと完全に改変する必要がある。もっとも規模の大きい層には、経済計画や社会経済活動の調整、文化的多様性の維持などを担う一〇に満たない拡大地域圏が置かれる。中間層では、市街地域の集積や農村地域の村落集合がインフラ整備の責任を負う。そしてもっとも住民に近い層では、大都市内の区と農村部の小規模コミューンが、おおよそ町内会のような役割を果たすことによって、地元の問題に対処する地域的民主主義の場となるだろう。財政面では、所得税や法人税の一部が地方政府のために取り分けられる。地域圏のためにより大きな予算が確保され、同時に均等化のシステムが維持され、地域格差の拡大を防ぐことになる。

ロカールや社会主義の非主流派から来た人々、たとえば著名なブルターニュの活動家で後に社会党に参加したミシェル・フリッポノー（Michel Phlipponneau）などが提唱した地域主義のテーゼは、フランス社会党の政策綱領の中心に据えられることになった（1967）。一九八一年の重要な選挙の直前に、社会党は『複数形のフランス』と題された文書を出版した（前出）。そこでもまた資本主義が、戦後フランスにおける中央集権的傾向の原因として批判された。アメリカ文化と英語がフランスの文化遺産を圧倒し、脅かしているのと同じように、フランスの地方文化や地方言語はパリに抑圧されている、と主張された。中央集権は経済的な不公正を招くだけでなく、文化的にも貧しくさせるものだった。社会主義者は、文化的多様性の促進（たとえば、学校での地域言語の教育を通じて）や、地方の自律的経済発展を可能にする制度的な枠組みを求めた。そのために、ロカールの先の主張とほぼ同じような、地域圏議会の民主化や、地方金融機関の設立、地域圏の境界線の引き直しなどが必要と主張された。

自治・自主管理は一九七〇年代の社会党におけるイデオロギー的な再生の中心的概念であり、地方の民主主義を超えて大きく広がり（もともとは産業における民主主義を指していた）、ロカール派から左派理論家集団の社会主義調査センター（CERES）まで、さまざまな色合いの社会主義者から注目を集めた[3]。ここで、地方分権への応用例として、のちに欧州委員会委員長として知られたジャック・ドロールの政治クラブ「交流と企画」でなされた議論を取り上げてみよう。今日の社会では、分業化とそれに伴う役割の専門化が生活のすべての部分に浸透している。この傾向は、市民にふたつのカテゴリーを作り出した。能動的な市民と受け身の立場にされた市民である。それゆえに地域の社会生活と市民参加を活性化し、すべての市民を再び能動的にする必要があると、「交流と企画」は主張した（Echange et Projets, 1975）。自主管理と自治、すなわち職場と生活環境の両方における参加型民主主義が、その答えとして提供された。上記の分析から始まって、この政治クラブは次のような措置を提案した。共同体レベルでは、市町村長や会計の最高経営責任者の直接選挙を導入すること。市町村長が関連する公共法人（住宅公団など）の取締役を兼務することも抑制すべきである。地方自治体の議会審議をもっと広報すること。すべての形態の後見監督は廃止されるべきである。地方の財政的な自律を回復する。コミューンだけでなく、すべてのレベルの地方政府で直接普通選挙を実施すべきである。そこには地域圏も含まれ、経済計画、行政サービスの地方分散、公共医療や教育制度の広域地方行政区画化などを統括する役割を担う等々。同グループは、地方分権の目的は、何よりもまず市民のためであり、行政のためではないことを強調した。特化された公共サービスを受動的に利用するだけの消費者を、自分たちの生活に責任をもつ市民に変えることが目的なのだと。

自治・自主管理のテーマは、「交流と企画」の『手の届く民主主義 *La démocratie à la portée de la main*』と題された本でさらに探究されたが、ロカールの初期の考えにかなり通じるところのある、より詳細な制度改革の提案も具体化された（1977）。地域圏の境界線は再画定がいまだ必要であろうが、地域圏には県より優先的な地位が与えられるべきだと主張されていた。同様に、既存のコミューンよりもコミューン連合体（大都市圏、または農村共同体の連合体 communautés）が好まれた。地域圏議会は直接普通選挙で議員が選出され、議員たちが執行権のある議長を選ぶ。コミューン連合体の代表は直接選またはコミューン連合体議会で選ばれる。同時に、県はコミューン連合体の首長の間の協力を取り持つ枠組みであり続け、また既存のコミューンもそのまま残り、数が増える可能性さえあるが、その役割は任意団体に近いものとなる。改革を完成させるのは、広範に行われている公職兼務の完全禁止あるいは厳格な制限（公選職はふたつまで、首長や大臣などの行政ポストは一つだけ）であった。

　こうして地方分権の理念（そのなかでも有名なのが広域地方行政区画化と自治・自主管理）は、一九六〇年代半ばの新左翼の片隅の地位から、一九七〇年代後半には社会主義主流派の中心教義に据えられるまでに大きく躍進した。この躍進は社会党の再生に負うところが大きく、これらの理念が社会党の再生に貢献したのと裏表の関係だった。社会主義が政治勢力として生まれ変わり復活したことは、地域主義者たちと自治・自主管理論者たちの新鮮な思考の注入によって実現したところが大きいのだ。イデオロギーの刷新によって、社会党は地方選挙で勝利を重ねることができた。農村部の住民が過剰な代表権を持っていた（ゆえに右派の議席数も多めになる）県レベルでさえも、左派、とくに社会党は、目を見張るような躍進を見せた。一九七三年に左派が占める県議会議長職は全部で九五あるうちの二八だったが、一九七六年には四一、一九七九年には四四に増加した。[4]フランス左派の躍進は、大都市ではさらに顕著だった。フランスにある人口三万人以上の大都市二二〇のうち、左派の市長は一九七一年には一〇二人だったが、一九七七年には一五九人に急増した。ここでも最大の受益者は社会党だった（Knapp & Wright 2001: 174）。たしかに社会党は、その頃までには「左派連合」のジュニア・パートナーの立場に追いやられていた共産党の存在を霞ませてしまった。共産党はこの状況を受けて、一九七七年の合意から離脱した。

一九七八年の国民議会選挙での後退にもかかわらず、ミッテランは内部からの突き上げを退けて左派野党のリーダーとしての地位を堅持した。右派政府の地方政策法案に対抗して、社会党が国民議会に提出した野党法案の前文では、中央集権は民主主義に反し、コストが嵩《かさ》み、文化的な貧困を招くものだとの批判が展開された。[5] 社会党の対案は、「経済計画－地方分権－自治・自主管理の三部作」に基づいているという主張だった。地方分権は、民衆勢力の連合が国政レベルの勝利を収めたあかつきに、資本主義システムに決別し、市民が社会変革の試みに参加できるようにするもっとも強力な手段の一つであると宣言された。

こうした地方分権の理念は、一九八一年の大統領選挙に向けてミッテランが政治綱領として打ち出した「フランスのための一一〇の提案」の一部を構成していた。ミッテランは、決選投票で共産党の支持を取りつけて現職大統領を破り、国民議会の解散後、社会党は、共産党との選挙協定を結ぶことによって、下院でも十分に余裕のある過半数を握った。社会党の地方分権プログラムは、ミッテラン大統領の重大政策目標として取り上げられる用意がすでに整っていた。

日本に登場した地方分権の「混声合唱」

日本では、占領軍統治下の改革（中央官僚の統制を地方の名士による支配の上に被せただけ、との見方もある）にもかかわらず根強く続いた中央集権体制が、初めて本格的な挑戦を受けたのは、一九六〇年代半ばに社会党や共産党など野党が率いる革新自治体が次第に数を増したときであった。[6]

革新自治体の隆盛と衰退

一九六〇年の日米安全保障条約の改正手続きが引き起こした大きな社会の混乱は、日本の政治の重要な転換期となった。自民党政権は政治戦略の見直しを余儀なくされ、それ以降は社会対立を煽るような政治問題は控えめに扱われ、代わりに経済成長に焦点が当てられた。日本はすでに高度経済成長の軌道に乗っており、この政策転換によって工業化と都市化が一段と加速するように思われた。そのことが今度は、在野の左派政党に新しい政治的なチャンスを与えることになった。

一方では、工業化が産業労働者を増加させた。カート・スタイナー（Kurt Steiner）は次のように指摘した。

いささか逆説的であるが、この経済発展という保守派の政策は、地方政府における保守派のヘゲモニーを弱める要因の一つとなった。新たな産業が第一次産業の労働者を吸い上げ、第二次産業および第三次産業の労働者がそれまで農村部だった地域に移住したことによって、都市化の波が加速され広範囲に及ぶことになった。このことは、それまで安定していた保守政治家の地盤が、さまざまなレベルで縮小することを意味した。

(1980a: 5-6)

この結果、「保守王国」と呼ばれた地方政府に対する自民党の完全な支配も、安定性が揺らぐようになった。

他方で、経済成長に新たに重点を置いたことは、すでに悪化していた工業化と都市化の諸問題をさらに深刻化させるばかりだった。とくに環境や生活環境に関する問題には、多大な一般の関心が集まった。

大森彌は、こう述べている。

経済発展の過程で、一方では環境破壊、交通渋滞、住宅不足、その他都市地域における生活条件の相対的悪化が、他方では農村地域における共同生活の伝統的様式の崩壊が同時進行した。中央政権も地方の保守政権もこの状況変化、とくに都市の生活環境の劣悪化への対応はにぶく、しかも、地方政治の保守リーダーが首長選挙の候補者擁立をめ

ぐって分裂騒ぎをおこしている自治体も目立った。（1986: 214-215）

日本社会党は、上記のような社会経済の変化を構造的な背景として、地方政治に強い関心を持つようになった。安保条約が改定された後、同党は内部の対立と挫折感に襲われており、新しい政治戦略を求めていた。[7]日米安全保障条約をめぐる国会での鋭い弁舌で全国的に名声を博していた飛鳥田一雄（1987: 34）によると、（安保条約改定をめぐり）議会民主主義における野党の無力さに失望したことが、彼が横浜市長に立候補し「直接民主主義」を模索するきっかけになったようだ。同様に、地方自治をめぐる闘いについての一九六一年の社会党の文書（日本社会党 1990a: 34）は、「いままでわれわれの活動の重点は国の政治を中心としすぎていた」ことを認め、地方政治における平和と民主主義のための闘いの重要性を強調した。

社会生活全般の民主化をはかる民主主義的改革のわが国における具体的な展開は、まず民主的な地方住民の組織の確立と地域活動におかれなければならない。この運動は直接住民の生活と権利意識に結びつくものであり、護憲・民主・平和・中立・生活と権利を守る諸国民運動の地域における基盤を確立するものである。したがってそれぞれの地域の状態に応じて具体的な活動がおこり、それが次第に全国的に波及し、地方自治体から政府・独占をゆるがすまでにいたれば、わが国の民主主義は土台から確立し、さらに

つぎつぎと積極的な民主的改革の陣地を拡大していく基礎となるであろう。（日本社会党 1990a: 33-34）

地方政治の重要性に対する同じような認識は、日本共産党においても見られた（1990: 41-42）。こうした変化は、社会主義や共産主義のドクトリンの全面的な修正にまではつながらなかったが、それでも非常に重要だったのは、かつて左翼系の民主主義者たちは国政にばかり注目する中央集権的な視角を共有していたからである（石田 1998: 91-95）。

これらの要因が組み合わさり、一九六〇年代半ばから七〇年代後半にかけて、革新自治体に空前の大躍進をもたらした。[8] 地方自治体レベルで革新派の時代の到来を告げたのは、一九六三年、飛鳥田一雄の横浜市長当選だった。[9] 一九七三年の地方選挙の後、当時の日本で九つあった政令指定都市のうち六都市が革新市長に掌握された。[10] 一般都市については、飛鳥田雄一率いる全国革新市長会の会員数は一九七四年に一四二人でピークに達し、左派勢力が支配する都市は全国の都市住民人口の四〇パーセント近くを占めるまでに達した。都道府県レベルでは、一九六七年に美濃部亮吉が東京都知事に当選し、革新派に最高の勲章をもたらした。革新知事の数は一九七五年にピークに達し、全国四七都道府県のうち九つ——東京、大阪、京都、埼玉、神奈川、滋賀、岡山、香川、沖縄——に達した。

飛鳥田一雄は横浜市長として革新市長の間で指導的な役割を演じ、その後は国政に戻り、社会党の委員長を務めた。彼はまた、一九六四年に自ら設立した全国革新市長会を通じて、革新自治体を支える思想に強い影響を与えた。全国革新市長会のメンバーには、興味深いことに、五十嵐広三が入っている。五十嵐は当時、北海道旭川市の市長であったが、後には村山政権の官房長官として一九九〇年代に地方分権政策の推進に大きな影響を与えた。

飛鳥田一雄の地方政府についての思想は、きわめて単純で率直だった。「直接民主主義」である。[11] 安保条約の改正時に国会議員だった飛鳥田は、国会論争で政府に異論を唱えても、「カエルの面にしょんべん」みたいなもんだと感じ、また横浜市議会の審議にも好感を持てなかった（飛鳥田 1987: 58）。間接的民主主義の制度に失望し、パリ・コミューンに手本を見つけたと主張した。具体的には、彼が多大な重要性を与えた象徴的な政策的着想に「一万人集会」というものがあり、これは市長が一般市民と直接意見交換を行うイベントだった（58-63）。同様の趣旨から、飛鳥田は市民が市役所をもっと利用できるように多大な努力を傾け、市民相談窓口の仕事を改善強化したり、情報開示を進めるために自治体白書の発行を開始したりした。今日の感覚から見ると、このような政策の多くは当たり前で、瑣末とさえ感じられるであろうが、これらは当時の日本の行政の既存の文化を変えようとする重要な試みを体現していたのである。飛鳥田が標榜する「市民の声を聞きたい」という希望は、それまでの右派中心の政府には、国家レベルでも地方レベルでも、ほとんど欠落していた斬新な発想だった。これらの政策が今ではごく当たり前のものに見えるとしたら、それに先鞭をつけた功労者として飛鳥田や同胞の革新派政治家たちは大いに称えられるべきである。飛鳥田の政策刷新は、都市計画、環境保護、福祉などの分野にもまたがっていた。さほど意外ではないだろうが、横浜は米軍に重要な基地と港湾を提供していたため、飛鳥田は注目自治体の市長の立場を、日米の安全保障関係を断罪するプラットフォームとしても利用していた。

飛鳥田一雄が革新市長の旗頭だったとすれば、美濃部亮吉は同様の役割を革新知事の間で担っていた。飛鳥田と違い、美濃部は職業政治家ではなく、有名な経済学者だった。彼は一九六七年に革新陣営から出て東京都知事に当選し、一九七九年まで四年の任期を三回務めた。それぞれの経歴に明らかな違いがあるにもかかわらず、美濃部の信念と政策は飛鳥田のそれと共通するところがたくさんあった。一つ挙げると、美濃部もまた知事の職務の根底にある中心的価値として「民主主義」を掲げていた。もう一つ挙げると、この民主主義という概念が、平和への脅威と彼らが見なすものとの戦いにも通じる点も共通していた。このふたつの要素が組み合わさって、きわめて類似した傾向が生まれていた。横浜でも東京でも、社会主義イデオロギーは国内政治問題に関しては抑制されており(とはいえ、都市問題や福祉問題での重要な刷新や貢献を否定するものではないが)[12]、外交や安全保障政策をめぐる論争で使われる言葉と比べて、はるかに控えめだった。

美濃部は、自らの都政を「保守が支配する日本の首都の東京で民主主義を実現する」闘いと考えた(美濃部 1979: 4)。本人の言葉によれば、

私の考えていた革新都政とは社会主義を東京都に実現しようとするものではない。私は、

憲法や地方自治法の理念である民主主義の実現を全力をあげて推進しようとしたのである。（略）都政の主人は都民であることを、常に忘れずに守ろうとしていた。（美濃部 1979: 2）

このような文脈から、「対話」と「対話から参加へ」というようなスローガンが、美濃部都政の指針として宣言されることになった。また、飛鳥田市長の発言を真似るように、美濃部も「直接民主主義」を、間接的民主主義の欠くべからざる補完理念として重視していた。彼の見解では、地方行政の最高責任者は（総理大臣とは異なり）市民によって直接選出されるのだから、有権者に対して直接責任を負うはずであった（美濃部 1979: 143）。

面白いことに、美濃部は三期目は出馬しないという当初の方針を覆して出馬の決意を固めた理由として、日本の政治の反動勢力との戦いを持ち出している。彼の説明によれば、「ファシズム的傾向の強い」石原慎太郎が自分の後をついで都知事になるのを座視していることは耐えられなかったのである。なぜならファシズムに対する民主主義の防衛こそが、そもそも自分が都知事になった最大の理由だったからだ[13]と書いている。美濃部自身にとっての革新都政の存在理由は、他の何よりも、民主主義の防衛であった。この概念は、当時の提唱者にとっては平和主義も含有するものであった。敵は、ファシズムかどうかはともかくとしても、保守反動勢力ではあった。

しかし革新自治体は一九七〇年代半ばにピークを迎え、七〇年代後半には総退却が始まっていた。象徴的なのは、飛鳥田が一九七八年に横浜市長を退職し、美濃部都知事が七九年に退職したことだ。同じように、京都の蜷川知事も一九七八年に退職し、大阪の黒田知事は再選をかけた七九年の選挙で敗退した。彼らの後を継いだのは、飛鳥田や美濃部の場合と同じく、保守中道派の候補だった。[14]

日本の革新派の残念な運命は、フランス左派の成功譚と明確な対照を示している。フランス社会党の復活は、同じく一九七〇年代に地方レベルで始まった。日仏両国の社会党が、一九七〇年代に地方選挙レベルで躍進する傾向を示したことは概ね似通っていたが、フランス社会党は地方の支持基盤を拡大しつづけ、そこから八一年に国政における政権奪取に進んだのに対し、日本社会党は停滞の後、衰勢に向かい、八〇年代に自由民主党が選挙で票を伸ばすことを許してしまった。

フランスの政治家が享受していた重要な構造的特権で日本人の政治家にはないものが、複数の行政機関の長など公職の兼務だった。この慣習のおかげで、一九七〇年代にフランスの左翼が奪取した地方の選挙基盤は、彼らが国政に攻勢をかけたときに、日本の左派に革新自治体が提供したものよりもはるかに強固な足場を提供していた。象徴的なのは、飛鳥田が横浜市長に就任するため国会議員を辞職せねばならず、後には日本社会党の新委員長として衆議院に戻るために市長を退職しなければならなかったことだ。これがフランスであったならば彼はどちらの職も辞任する必要はなかったはずだ（先述したドフェールはずっとマルセイユ市長の職を手放すことなく、代議士や上院議員、大統領候補、また後には内務大臣という職についてきた）。

もう一点、日本の革新自治体の成功は、国政レベルの政党政治の変わりやすさに密接に結びついた脆い選挙協力の上に成り立っていたことも指摘しておこう。自民党への支持は目に見えて衰えていたにもかかわらず、野党陣営は一九六〇年代から次第に分裂傾向を強め、細分化していった[15]。新たに結成された政党（一九六〇年の民主社会党や六四年の公明党や、七六年の新自由クラブなど）や日本共産党が都市部の有権者を取り込んでいくと、自民党も社会党もその割を食らったが、新政党はいずれも自社両党を超えるものには発展しなかった[16]。社会党は内部にマルクス主義者の左派と社会民主主義者の右派の分裂を抱えていたため[17]、地方選挙による勝利を十分に活かして主導権を握ることに失敗した。日本共産党と組む左派連合の可能性と、民社党や公明党と組む中道左派連合の可能性の間で、次第に身動きがとれなくなったためだ[18]。それゆえ、一九七〇年代半ばから八〇年代初期にかけての束の間の「保革伯仲」国会の期間でさえも、日本社会党は野党統一戦線を組んで効果的に自民党に挑戦をしかけることができなかった。

地方分権のための「混声合唱」

革新自治体の消滅によって、地方政治から「イデオロギー性」「党派性」「政治性」が目立って消し去られた時代が始まった。一九八〇年代の地方自治体の首長が概して必要性を強調したのは、地方自治体の改革と、より広くは地方と中央の関係性の改革であり、その一方で政党間の対立はあまり重視されなくなった。中央政府に対する地方政府の役割は解釈が改められ、革新自治体時代に強調された「政治的対立」ではなく、むしろ「制度的対立」がもっとも重要であるとされた。[19] 両者の裂け目は、保守・革新よりも、今は中央・地方が中心であると主張された。実際は政党間の亀裂が完全に消滅したわけではないが、政府間の不一致が地方分権の論争においてもっとも目立つ位置を占めていた。その結果、次第に多くの地方分権を求める声がさまざまなタイプの地方の首長から、「地方の時代」とか「革新自治体から自治体の革新へ」などといった新スローガンとして挙がるようになった。

一九八〇年代まで生き延びた革新自治体首長たち（たとえば、神奈川県の長洲一二知事）は、飛鳥田や美濃部より中道の傾向が強く、実際そのほとんどの者が、社会党からの推薦と並行して、自民党による支持を（部分的にせよ）確保するようになった。このように、かつての革新首長が「保革相乗り」の候補に自らを変身させた例には、埼玉県の畑和知事、滋賀県の武村正義知事（後に細川護熙内閣で内閣官房長官を務める）などがある。それと同時に、中道右派出身の新世代の知事たちも、地方政治におけるイデオロギーの役割を打ち消そうとする傾向があった。彼らの進出の背景には多くの都道府県の財政危機が進展している状況があり、これらの新知事は元中央官僚であることが多く、「中立性」を標榜し、地域住民にもっとも役立つ「テクノクラート的ノウハウ」を保有していると主張していた。飛鳥田市長や美濃部知事の後継者がそうだった。[20] すでに一九七九年には、四七都道府県の知事のうち自治官僚出身者の数は少なくとも一九人に達していた。[21]

しかし現実には、中央政府の外で地方分権を主張する者たちは、必ずしも一つの声を形成しているわけではなかった。地方の民主主義を重視した左派と、新自由主義的な価値観である効率性を重視した右派の間には著しい違いが生じた。一九七八年に東京都、神奈川県、埼玉県、横浜市、川崎市の共同主催による「地方の時代」シンポジウムで発表された重要な論文のなかで、中道左派の長洲一二神奈川県知事は次のように述べた。

革新自治体は、決して革新国政のための手段ではなく、それへの「さしあたり」のプロセスでもないでしょう。中央政党の「代理戦争」はおことわりしたいですし、またもし革新国政ができて、中央集権が強まるようなら――これが杞憂ならば、幸いなのですが――、自治体は再度また「革新自治体」としてこれに抵抗することになるでしょう。この意味でも、「地方の時代」は、将来の国政をも規定する原則のひとつと私は考えます。

（長洲 1995: 804）

長洲の見解では、「地方の時代」は歴史の必然だった。[22]

成長のパターンを転換して、これまで軽視されてきた「生活の質」の充実をはからなければなりません。そうなると、福祉の問題にしろ、環境の問題にしろ、生活のゆとりの問題にしろ、いずれもきめ細かく考えていく必要があり、「地方」や「地域」の役割が大きくなります。なまなましく、具体的な問題があらわれてくるのは各地域、各地方で、その現場で問題解決をはかることが求められます。（長洲 1980: 5）

その結果、「地方の時代」は「市民自治の時代」ともなった。長洲によると、自治の概念は、地域だけにかかわるものでなく、今日の日本社会全体の構成理念とも言えるものである。地方自治がすべてに効く万能薬であると主張することはせずに、日本は「委任型集権制」から脱皮して、「参加型分権制」へと移行する必要があった。長洲は、「自由な市民社会の在り方は、原理的に『自治と連帯』によって下から積み上げられた社会でなければなりません」と言った（1995: 803-804）。長洲が神奈川県知事を二〇年間務めた後、社会党が連立与党の一角を占めた一九九五年、地方分権推進委員会のメンバーに任命されたことは少なからぬ意味を持つ。

中道右派の側では、かなり違ったタイプの「分権」論が展開されていた。前述のように、多数の中央官僚出身者、とくに自治省出身者が、一九七〇年代の末期から革新知事に取って代わり始めた。この新種の自称「中立」（実際には、たいてい中道右派）の知事の典型例は、東京都知事として美濃部亮吉の後任となった鈴木俊一だった。これらの官僚出身の知事たちは、自分たちを政治色の無いテクノクラートとして提示し、そのプラグマティズムと行政能力が地域の利益にもっとも役立つと売り込んだ。具体的な話をすれば、彼らが引き継いだ自治体の多くが深刻な財政危機に直面していたため、通常は財政再建が就任時の最初の仕事であった（たとえば、鈴木 1997: 215-221 参照）。専門的な実務知識に加えて、彼らの重要な資産は中央の政官エリートとの「パイプ」だった。東京の中央省庁の人や仕事の流れに精通していることが、地元都道府県が補助金を申請したり、許認可を仰いだりするときに、助けになると考えられていた。官僚出身知事という誘惑は強く、一九九二年には全国四七都道府県の知事のうち二五人もが元中央官僚だった。そのうち一八人は自治省、三人は農林水産省、二人は建設省、残りは大蔵省と通商産業省がそれぞれ一人ずつだった（恒松 1993: 87-89）。

これらの官僚出身知事の多くは地方分権と改革を提唱したが、同時に地方政治におけるイデオロギー的要素を消去した。たとえば、広島の宮澤弘知事は[23]、革新自治体と比べて自分の県政が「革新性」において劣っていると考えたことはない、また、地方自治体は市民の生活を向上させる地道な取り組みを行うためのものであって、政治イデオロギーがそこに入る余地はほとんどないと、宮澤は主張した（宮澤 1975）。実際には、彼らの主張はしばしば一九八〇年代に隆盛を極めたイデオロギーである新右派《ニュー・ライト》思想の影響を受けていた。早い話が、これらの議論にはふたつの中心論点があった。第一の主張は、地方の中央への依存は日本国民から活力を奪っているので、政治・経済機能の過度な東京集中を是正することで中央への依存を終わらせるべきだ。第二の主張は、地方政府はもっと競争力のあるものになるべきで、民間企業が自由市場で行うように、互いに競争することも許されるべきであるというものだ。このような見解は、熊本県知事時代の細川護熙によっても提唱された

（細川・岩国 1991: 8, 68,116）。

こうして一九九〇年代半ばには、地方分権を要求する「混声合唱」が出現した（西尾 1999: 2-9）。しかしフランスとは対照的に、日本の地方分権論には共通の母体となるような団体がなく、まだ共通の合意事項にも集約されておらず、ばらばらで、とりとめなく、矛盾をはらんでさえいた。日本社会党は、長年にわたる野党時代に、地方分権を支持する方向にイデオロギー的な変革を遂げたが、それを活かして議席数の拡大に結びつけることができなかった。社会党が一九七二年に発表した政策提言には、「機関委任事務」をはじめとする国による押しつけ的な地方行政への介入の廃止が要求されていた（日本社会党政策審議会 1990: 886-891）。これは一九九〇年代初めにも再び提言されたが、効果はなかった。これらの提案は、政権交代が起きた後になってはじめて議会の審議項目となった。自民党が国会で多数派を維持している限りは、中央集権体制に反対する多種多様な政治勢力は効果的に攻勢に出ることができなかった。地方分権問題の焦点が、保革政党間のせめぎ合いから中央・地方の政府間の論争へとシフトしたときでさえそうだった。単一国家で議院内閣制を敷く日本では、中央が地方に綱引きで負けることはないのだ。

第4章　フランス政権の交代

社会党が「コミューン、県、地方圏の権利と自由に関する基本法 Loi Cadre」（以下「基本法」）を通過させるために動いたときの素早さは、これまでの歴代政府の特徴だった現状維持主義とはまったく対照的であった。新しい社会党政府の内務・地方分権大臣に就任したガストン・ドフェールによって、主要な分権化法制が恐るべきスピードで達成されたことは、それだけですでに比類なき成果であった。社会党が政権を取る頃までには同党の改革アジェンダのなかで地方分権が中心的位置を占めるようになっていたおかげで（ゆえに「大統領の七年任期の最重要課題 la grande affaire du septennat」と呼ばれた）、またそれに加えてドフェールの個人的な執念と重鎮としての政治力もあって、基本法は社会党政府として最初の重要法案として一九八二年三月二日に成立した。ほんの一年弱前、一九八一年五月に政権に就き、翌月に国会で過半数を獲得したばかりだったドフェールは、早くも一九八一年七月には法案への内閣の支持をとりつけ、議会は八二年一月末に修正を経た法案を通過させた。政権交代を果たした元野党の社会党によって、地方分権がついに実現されたのである。

社会党は野党時代に、政府の法案に対抗して独自の地方分権法案を一九七九年の国民議会（会期は七九年から八〇年まで）に提出した。社会党は、地方分権を資本主義体制と袂《たもと》を分かつための重要手段であると定義し、この改革は、自分たちが政権を取ったあかつきに始動させる壮大な社会変革において、市民が積極的な役割を果たすことができるようにするものだと主張した。その計画によれば、国家の代理人による地方政府への規制や指導は後見監督を含めてすべて廃止され、それに代えて、行政および財政の審査機関による事後的な監督が行われる。官選知事は、県政の最高責任者としての機能を失い、単なる国家の行政サービスの調整役へと役割を縮小され、それればかりか名称も「共和国弁務官」へと改称される。さらには、より一般的な地方行政への国家の介入も、法に基づいて国が介入できる分野を具体的に示すリストを制定することによって、それまでより大きく制限されることになる。権限の委譲も実行され、とくにこれまで地方政府に欠けていた経済的な権限が与えられる。これは、より公平な方法で経済活動を国の全土に配分することによって、より均衡のとれたフランスの発展をめざすものであった。財政面では、社会党は、中央政府からの交付金を統合整理して、地方政府が資金の使途についてより大きな裁量権を持てるようにすることを提案した。また地方政府独自の税収基盤を拡充させることも提案された。

この構想では、地方圏《レジオン》に特権的な役割が与えられることになっていた。地域圏は本格的な地方政府の地位に格上げされ、比例代表制を採用した直接普通選挙で選出された議会を持ち、独自の行政長官と予算、行政機関を持つことになった。地方圏の境界線の引き直しについては検討するものの、現行の地域圏において直ちに改革を進めることになる。地域圏は地方政府のなかでも、とくに経済計画、地域開発、文化政策などの方面において優越性を発揮する階層となることが想定されていた。

　興味深いことに、かつて重視された自治・自主管理《オートジェスティオン》の理念は、広域地方行政区画化とともに、社会主義イデオロギーの刷新に中心的な役割を果たし、社会党を地方分権の大義に転向させ、統一して活力を取り戻した政党に彼らを結集させる原動力であったにもかかわらず、実質的な改革提案のリストからすっぽり抜け落ちていた。ただ法案の前文に、スローガンとして目立つ場所が与えられていただけだった。民主主義への参加基盤を広げるというテーマに関連しては、当時広く行われていた公職の兼務を制限するため、公選職をふたつを超えて兼務することを禁止する提案が含まれていた[1]。

　全面的な政権交代によって、いまや社会主義の野党勢力は、かねてから説いてきたことを実践できる立場になり、権力の一部を地方に引き渡す力を本当に手に入れた。社会党はおおむね公約を守り、歴史に残る地方分権改革を実行した。しかし内部では、明らかに動揺や不安が拡大していた。国政レベルで権力を握ると、とたんに左派は地方選挙で負けはじめた。一九七九年には、フランス本土に九五ある県議会のうち、左派勢力は合計で四四カ所を制し議長職を握っていたのに、この数字は八二年に三六に減少し、八五年にはさらに二六へと減少した。それにもかかわらず、この期間中に左派政権はこれらの議会への権力委譲を進めていたのである（L'Année Politique Economique et Sociale en France 1982, 1983; L'Année Politique Economique et Sociale en France 1985, 1986）。同様に、人口三万人以上の都市（総数二二〇）のうち、左派が支配権を握る都市の数は一九七七年の一五九から八三年には一二〇へと減少した（Knapp & Wright 2001: 174）。この潮目の変化によって、ドフェールが進めた地方分権改革は、左翼がようやく手にした権力を右派の支配する地方政府にただでくれてやるに等しいものになってしまった。その結果、時とともに改革の進展の遅れが顕著になり、提案されていた項目の一部は無期限に延期された。権力の座を占める期間が長くなるにつれ、社会党は地方分権をめざす当初の情熱を失っていき、次第に右派の前任者たちと似たような行動をとり始めた。はじめの熱意が衰えてしまうと、社会党政権の立法実績はいろいろな妥協や後退が入り混じったものになっていった。それでもなお、ドフェール分権改革の歴史的意義に対する評価は揺るぎない。[2] 政権交代は、戦後期を通じてフランスが取り逃しつづけた地方分権化実現のチャンスを、ついにものにしたのである。

大都市市長が改革をリード

社会党がついに権力の座につき、大統領職と国民議会の圧倒的多数の両方を握ると、彼らは歴代政府がいずれも追求できなかった、あるいはしたがらなかった急進的な地方分権改革を実行した。社会党にこれができたのは、政党として野党時代に蓄えた十分な政治的資源（理念的なものも機構的なものも）があったことと、保守政権下の中央集権国家における有力政治家であった官選知事を迂回し無力化することに成功し、新たな選挙の勝利によって国民の信任を得たからだった。

社会党の地方分権改革では、実際に改革プロセスを導いた人々の出身が、社会党の再生に大きな役割を果たした地域圏主義者や自治・自主管理論者の流れではなく、むしろ従来からの大物政治家だったことが、その具体的なゆくえに大きな影響をもたらした。このため、社会党政権による分権改革は「大物市長たちの改革 la réforme des grands maires」と呼ばれることもある。社会党の大統領候補であったフランソワ・ミッテランが地方分権を選挙公約の中心に据えて情熱を注いだことはもちろん重要であるが、実際の改革の道筋をつける上でより大きな働きをしたのは、ミッテランが首相と内務大臣に選んだ二人のヘビー級の大物市長、ピエール・モロワとガストン・ドフェールだったともいえる。

モロワは古参の活動家であり、社会党が伝統的に強い工業地帯のノール県でたたき上げで党の領袖にのし上がった人物で、フランス第四位の大都市圏の中心都市リール市の国会議員と市長を一九七三年以来兼務してきた。地方選挙への彼の関与はさらに古く、一九六七年にはじめて県会議員に選出されたときに遡り、社会党員としての活動は一九五〇年以降である。モロワは地方政治における自分の役割を重視しており、二〇〇一年までリール市長を続け、その後もリール市の都市共同体の代表の座にありつづけた。

ドフェールも同様に地方政治に深く根を下ろした政治家だった。彼の地元はフランス第三の大都市マルセイユで、つけ加えるとすればモロワよりも盤石な基盤をもつ大物名士だった（年齢も上だった）。レジスタンスの闘士だったドフェールは、ドイツ軍からの解放後マルセイユ市議団長を務め、一九四四年から四五年にかけて短期ながら初めてマルセイユの市長となった。地方紙『ル・プロヴァンサル *Le Provençal*』の所有者でもあり、一九八六年に死去するまで、マルセイユの政界で、地方レベルでも国政レベルでも欠かすことのできない大有力者だった。彼は国政選挙における議席を、さまざまな形をとりながら一九四四年以降ほぼ中断なく確保し、それと同時にマルセイユ市長の職も一九五三年以降ずっと保持していた。その間に、第四共和国政府でも彼はいくつかの閣僚経験を積み重ねていた。そのなかでもっとも重要なものは、一九五六年から五七年にかけてのフランス海外領土大臣の経験であった。この地位にあるときに、ドフェールはアフリカの植民地独立に備えるための基本法の方向を定めた。困難な時代の難しい経験であったが、それでもこの経験からインスピレーションを受けて、ドフェールはいつの日かフランス本土を「脱植民地化」するという、これに匹敵するプロジェクトに取りかかる決意をしたと言われている（Marion 1989: 212-217; Colombani & Loo 1992: 188-90）。ドフェールは正真正銘の政界の重鎮で、一九六九年に社会党候補として大統領選挙に出馬し（落選したが）、国民議会における社会党議員団長を六二年から八一年に選挙で勝利するまで務めた。ミッテランは一九七四年の選挙でジスカール・デスタンに僅差で敗れる前、ドフェールに将来の首相の地位を約束したとさえ言われている。七年後にミッテランがついに勝利を収めたとき、ドフェールは自分はもう首相をやるには歳をとりすぎたと言い、その代わりとして地方分権相の椅子を願い出た（Marion 1989: 295 -296; Colombani & Loo 1992: 257）。

このように、ドフェールは地方分権の大義にひたむきに取り組んだ社会党の領袖だった。第五共和政で社会党が長く在野にとどまった時期に、ドフェールは地方分権を支持する発言を繰り返してきた。そのいくつかは、広域地方行政区画化や内務省改革など、後年の彼の業績を予言するものだった（Defferre 1965: 130-132; Defferre 1977: 167-168, 197-216）。ドフェールはヴィヴィアン・シュミットによるインタビューのなかで、[3]「自分は左派が政権を取ったその日から地方分権を実施したいと思っている。なぜなら長らく市長を務めていたために、中央集権の弊害は身にしみてわかっているからだ」と述べている（*Pouvoirs Locaux* 1992: 34-35）。

ドフェールの個人的業績として評価すべきは、党がかつて議論を重ね合意してきた政策綱領（彼自身が策定に大きくかかわった）に基づいた改革の大まかな輪郭の策定に積極的な役割を果たしたことである。さらに重要だったのは、改革の迅速なペースを定め、実行のための政治戦略を採ったことである。ドフェールの大臣官房のスタッフで法案の起草を担当していたエリック・ジュイリ（Eric Giuily）は、自分の政治の師としてドフェールはかけがえのない役割を果たしたと述べ、政府内でのドフェールの別格の地位のおかげで、①地方分権が新政府の最初の立法議案として扱われることが確実になり、②法案の起草にさまざまな工夫の余地が与えられ、③議会での質問を上手にさばき、野党を制御することができたと述懐している。[4]

ドフェールの指導力や政治手腕、洞察力、そして個人的な不退転の決意が大統領や首相からの全般的な支援や尊重とあいまって果たした決定的な役割は、社会党が選挙公約に掲げてきた立法計画が、選挙を通じて信任されたことと同等に重要だった。社会党の内部には、何をすべきか、どのように進めるべきかについて、意見のくい違いが存在していた。事実、法案制定の時期に国民議会で社会党議員団を率い、のちにドフェールの後を継ぎ一九八四年に内務大臣に就任したピエール・ジョックス（Pierre Joxe）は、ドフェール改革の速度と方向性について個人的には賛成しかねていたのだが、なにしろこの戦略は組閣に先立ってミッテランとモロワ、ドフェールの三者の間ですでに決まっていたため、自分が口を出す余地はないと理解していたのである。[5] 忘れてならないのは、たしかにこの時点では社会党内部で地方分権主義者が日の出の勢いであったが、社会党のなかでは長年にわたる強靱なジャコバン主義の伝統があったことだ。中央集権主義的な色彩の強い思考をする党幹部は、なにもジョックスひとりではなかったのである。

結局のところ、野党時代に練り上げられ、歴史的な政権交代によって国民から承認された選挙公約の民主主義的な正統性の重みが、ドフェールの仕事にはずみをつけ、改革の全般的な勢いを決定した。全体として、社会党の根っからの支持者たちの力が、ドフェールの野心的な改革を支えたのである。

社会党は一九八一年の大統領選挙におけるミッテランの勝利にあやかり、フランス共産党を差し置いて左派の第一党に躍り出た。そればかりか、選挙前に共産党と結んでいた協定のおかげもあって、なんと単独でも過半数を確保するほどの大躍進となった。したがって、モロワが組閣した内閣には共産党の閣僚が四人含まれていたものの、社会党は法案通過のために連立パートナーの協力を必要としていたわけではない。勢力が拮抗していたときには、共産党がいかに扱いにくいパートナーだったかを踏まえれば、たしかにミッテランの戦略の勝利だった。ちょうどよいタイミングで成果をもたらし、新政権にいろんな手を打つ余裕を与えたといえよう。また、地方分権をはじめとするミッテランの選挙綱領が、たてつづけに二度も有権者によって明白な承認を得たという事実は、政権交代から日の浅い新政府でさえめったに享受できないような、正統性のオーラをまとわせることになった。多くの社会党議員にとってブルボン宮（国民議会議事堂）に入ったのはこれが初めてであり、彼らはそれがミッテランの戦略的勝利の賜物だということを誰よりも痛感していた。

社会党は当初、地方レベルにおいて優勢な立場にあり、そこからおのずと地方分権をめざす動きが起こってきた。社会党に再び選挙の勝機がめぐってきたのは一九七〇年代の後半、地方政界、とくに都市部においてのことだった。デニス・ラコルヌ（Denis Lacorne）は、次のように書いている。

「赤い名士 notable rouge」が保守派の名士と一線を画するところは、第一に彼が断固として政治のことばを使い、地方自治体を政治と切り離して考えることを頑として拒むこと、第二に自分の意のままになる「実践的な行政手段」すなわち自分でつくりあげた人脈や早道を、それほど完全には所有していないことである。党によって用意され、相似する政治・行政構造（共産党共和主義議員全国協会と社会党共和主義議員全国協会）によって強化された枠組みが、権力の濫用と行き過ぎた選挙制度の私物化を防ぐ、あるいは少なくとも制限していた。（Lacorne 1980: 94）

言い換えれば、これら無数の社会主義地方議員は政党の統制下にあり、その意味で彼らは何よりもまず党の活動家であった（Reydelll et 1979: 706-709）。その党がついに国政レベルで権力を獲得したとき、彼らは党の政策綱領が実現されることを熱心に期待した。一九八一年のミッテランの大統領当選と国会の過半数議席獲得は、長年にわたる政治闘争の集大成であり、地方自治体レベルから始まり何年もかけて苦労して勝ち取ってきたものだった。これらの地方政治家や活動家が、地方分権の取り組みを支えていた。[6]

ドフェールの部下たち

ドフェールは少数精鋭のエリート官僚グループに頼って、彼の計画を猛烈なスピードで推進し、知事団からの抵抗を回避することができた。ドフェールは可能なかぎり地方分権の問題に専念できるように、自らの大臣官房の長官とその長官補佐に警察畑の経験が豊富な二人の古参知事を任命した。一人目はモーリス・グリモー（Maurice Grimaud）で、彼は一九六八年の五月革命当時に警視総監を務め（当時の非常事態に対処する彼の冷静で慎重な采配は、左翼からも右翼からも高く評価された）、またジャック・ドロールの政治クラブ「交流と企画」のメンバーでもあった。二人目のクロード・ブシエール（Claude Bussière）は、グリモーの側近だった。二人とも、ドフェールの職責のうち警察業務（治安維持）に関する方面を一手に引き受けるために迎え入れられた。[7] なにしろドフェールは、内務大臣と地方分権大臣を兼ねていたのだ。この二人の任命はきわめて巧妙なものであった。というのも、グリモーとブシエールは二人とも知事団のなかで尊敬されており、ただの政党屋（つまり単なる左翼シンパ）などでは決してなかったため（Dagnaud & Mehl 1988: 324）、彼らがドフェールのスタッフになったことは、困難な時代に直面した知事たちに何がしかの安心感を与えることになった。ブシエールは同僚たちの不安や憂慮を認識してはいたものの、ヴァルドワーズの知事を務めた自分の若い頃の経験から、ドフェールのプロジェクトは道理にかなったものであると考えていた。ヴァルドワーズは貴族の血筋の大物名望家ミシェル・ポニャトウスキの私的な領地であった。ポニャトウスキはジスカール・デスタン大統領の内務大臣を務めたこともある人物で、彼の領地の官選知事として赴任したブシエールはしょっちゅう彼と交渉しなければならなかった。この経験からブシエールは、地方分権がすでに部分的には現実になっており、その状況を認識して、いわば「正常化」するほうがよいと考えるようになっていた。[8]

ドフェールの大臣官房の内部では、知事団の外部から登用された二人の若手官僚が彼の片腕となった。ジュイリは二九歳の国務院のエリート官僚で（国立行政学院を首席で卒業）、主に法案の法務的な側面を担当した。フランソワ・ルースリー（François Roussely）は三六歳のフランス会計院官僚で、地方会計裁判所の設立を含む財務関連の企画立案を担当した。ドフェールと彼の大臣官房が改革の背後にある真の原動力だったが、彼らを技術的な側面で支えたのは内務省の地方自治体局長官ピエール・リシャール（Pierre Richard）だった。リシャールは別の高級官僚団《グラン・コール》である国立土木学校出身者の一員で、以前にジスカール・デスタンの大統領顧問を務め、ジスカールによって地方自治体局長官に任命されていた。このため、リシャールは以前の（失敗した）ボネのプロジェクトの重要な貢献者だった。そんなわけでドフェールから完全な信頼を寄せられることはなかったが、リシャールはその後も一年間その地位にとどまり、法案の起草において補佐的な役割を務めることになった。頭は切れるが経験に乏しいジュイリは、リシャールが地方自治体局の長官に留任することを望んでおり、大臣もこれに同意した。[9] これは抜け目のない動きであった。リシャールが専門家グループに容易に接触できる地位にとどまることで、彼らと共にジスカール・デスタン前政権が築いたノウハウや経験をそっくり利用できるようになった。専門家たちが従事した調査や報告に関連するものを含めてである。この人材配置の一番有利なところは、ドフェールと彼の大臣官房は、先代の政府が蓄積した資源を譲り受け、利用することができた（実際にそうした）が、報告書の依頼者ではなかったし、途中放棄されたプロジェクトの起草者でもなかったので、それに縛られずに済んだことだった。

ここで注意が必要なのは、ドフェールのリーダーシップのもとで用意された地方分権法の真の書き手であったエリート行政官僚たちは、知事団からではなく外部の、ライバル関係にある名門高級官僚団から集められていたことだ。さらに、ドフェールのリーダーシップへの彼らの忠誠心は例外なくキャリア面で報いられ、出世街道へとつながった。一九八二年、基本法が議会を通過した後、ジュイリの猛烈な働きぶりはドフェールによって手厚くねぎらわれ、ようやく退任を許されたリシャールの後任として地方自治体局長官に任命された。ジュイリはこのとき三〇歳になったばかりで、戦後の中央官庁の責任者としては最年少だった[10]。ジュイリは長官就任後も引き続き地方分権化のプロセスで中心的な役割を担い、一九八六年に中央官僚界を去るまでかかわり続けた。その後ジュイリは、社会党がジョスパンのもとで政権に復帰したタイミングで、フランス通信社（ＡＦＰ）会長に就任している。他方、ルースリーは閣内にとどまり、ドフェールの後を継いで内務兼地方分権大臣に就任したピエール・ジョックスにも仕えた。一九八六年から一九八八年にかけては国民議会議員に戻ったジョックスにつき従い（議会内会派議長会に派遣された）、その後またジョックスと共に政権に戻り、最初は内務省に入り（大臣官房の長官を経て警察局長官に）、後に国防省次官となった。その他にもいくつかの栄誉ある国家行政ポストを経験した後、ルースリーはさらにフランス電力公社（ＥｄＦ）社長の椅子まで射止めた。リシャールでさえ、褒美として国立銀行の地方財政を扱う部門の最高責任者のポストを与えられ、そこを足がかりに階段を上り最終的にはクレディ・ロカール・ド・フランス(Crédit Local de France)および後継金融機関デクシア・グループの頭取にまで出世した。

ここで強調しておきたいが、大臣官房として忠実に仕えることは、かならずしも時の政権との強い党派的一体感を意味するものではない。ルースリーは、ジャック・シラク大統領の最初の二年間にもひきつづき重職につき、国防省という国家機密にかかわる省庁のトップを任された。グリモー、ブシエール、ジュイリらは穏健左派に好意的ではあったものの、政党政治のなかで活躍したわけではない。フランソワーズ・ドレフュス(Françoise Dreyfus)が指摘したように、そこにあったのはただ、「大臣官房のメンバーたちを活気づけた共通の考えだった。すなわち自分たちの役目は、国家元首と政府が自分たちの省庁の管轄分野で推進する政治プログラムを実施することだ、という考えである」(1985: 89)。彼女はさらに、モロワ内閣の大臣官房一般についての研究のなかで、こう指摘している。「彼らは思想的には左派に属していると表明し、フランソワ・ミッテランの政策プログラムを実行したいと望んでいたが、それでも自分たちの役割は政党政治屋(politicien)とは異なると考えていた。専門職としての出自が何であれ、彼らは自分たちをテクノクラートとはみなしていなかったが、それは一定のプロフェッショナリズムの必要性を否定するものではなかった」(1985: 91-92)。実際の党派的な帰属(またはその欠如)はどうあれ、大臣官房スタッフが自分の仕える大臣が掲げる目標を達成するために身を粉にして働けば、その後のキャリアが大きく上昇することによって十分に報われたのである。

ドフェールが大臣官房スタッフを採用するプロセスは、彼の改革を背後で支えた人のネットワークの性質を理解するためにも興味深い。ここで鍵をにぎる人物はフィリップ・サンマルコ（Philippe Sanmarco）という、ドフェールの友人の息子で、知事団に属する若手の人材であった。彼は数年前からマルセイユ市でドフェールの仲間になっていった。サンマルコは、どちらかというと公然とした政界の人物であり、後には選挙に打って出て、国政レベルでは最初ドフェールに代わって一九八一年に代議士に当選し、地方選挙でもマルセイユの副市長に当選して活躍した。このサンマルコが同じ知事団の先輩であるグリモーをドフェールの大臣官房に引き込んだのである（そしてグリモーがブシエールを引き込んだ）。ジュイリを引き込んだのもサンマルコである。この二人は、ともにヴァル・ド・マルヌ県庁勤務時代に知り合った仲だ。その当時サンマルコは知事官房の長官であり、ジュイリは国立行政学院（ＥＮＡ）のカリキュラムの一環でインターンとして働いていた。そして今度はジュイリが、パリ政治学院や国立行政学院の学友だったルースリーを引っぱってきた[11]（かれらは「マンデス・フランス」の名を冠した学年の同期であった）。

フランスの高級官僚団に所属する者が享受する特権的なキャリアのモビリティ（省庁の垣根を越えた流動性）を背景に、エリート官僚の個人的なつながりが、社会党へのかすかなシンパシーという色合いをまとって、ドフェールやその補佐役であったサンマルコにうまく利用されたと言える。このようにして大臣官房に呼び集められたスタッフたちは、省庁や官僚団の垣根を横断しており、彼らは選挙を通じて民主的に承認された政治プログラムの実行に全力を尽くした見返りとして、その後のキャリアにおいて迅速な出世を遂げたのである。省庁をまたぐ高級官僚団の存在と、行政官トップの政治任用というふたつの要素の組み合わせによって、政治家たちが行政官僚たちを手足のように用い、官選知事から地方政治家たちへと権力を委譲させることを可能にしたのである。

飼いならされた官選知事

ドフェールは、自ら配置した行政スタッフに知事団に代わって分権改革を推進させることによって、知事団に対して強い支配権を堅持し、改革への反対をかわすことに成功した。彼は知事たちを安心させようと最善を尽くしたが、結局のところは、地方分権アジェンダに関して知事たちとの交渉はいっさい考えていなかった。知事たちの意向は事実上ほぼ完全に無視され、彼らは無力化されることになった。

知事団は組織としては「知事団および内務省高級官僚協会」という形をとっている。[12]同協会の会長の役割は、大臣や他の政治家に対して知事団にとっての物質的利害やそれ以外の利害を代弁することである。[13]会長は選挙によって選ばれるが、通常この地位にはパリ市の知事（イル・ド・フランスの地方長官も兼ねる）が就任する（表4－1参照）。社会党が政権を取る前の最後のパリ知事ルシアン・ラニエ（Lucien Lanier）は右派であると強く認識されており、[14]ミッテランが選挙で勝利を収めた直後に知事を辞任した。この空席を埋めるため、ド

表 4-1 知事団および内務省高級官僚協会の歴代会長

在任期間	名前	会長時代のポスト
1946 〜 1952	エミール・ボラール	共和国評議員／駐インドシナ高等弁務官／退職
1952 〜 1961	ポール・アーグ	セーヌ県知事／国務院委員
1961 〜 1965	ジャン・ベネデッティ	セーヌ県知事／フランス石炭公社会長
1965 〜 1969	ジャンポール・シャペル	ブルゴーニュ地方長官／内務省防衛公安高等官
1969 〜 1972	マルセル・ディエボルト	パリ知事
1972 〜 1975	ジャンエミール・ヴィエ	海外県省長官
1975 〜 1977	ジャン・トレル	パリ知事
1977 〜 1978	ピエール・ドゥイユ	ローヌ・アルプ地方長官
1978 〜 1981	ルシアン・ラニエ	イル・ド・フランス地方長官
1981 〜 1984	ルシアン・ヴォシェル	イル・ド・フランス地方長官
1984 〜 1990	オリヴィエ・フィリップ	イル・ド・フランス地方長官
1990 〜 1995	ポール・ベルナール	サントル地方長官／ローヌ・アルプ地方長官
1995 〜 1998	ジョエル・トラヴァル	イル・ド・フランス地方長官

フェールは「自分の」マルセイユ知事（一九七七年以来、ブーシュ・デュ・ローヌ知事およびプロヴァンス・アルプ・コート・ダジュール地方の知事）のルシアン・ヴォシェル（Lucien Vochel）をパリ知事に任命した。ヴォシェルは左派に強い思い入れがあったわけではなく、またマルセイユ知事からパリ知事に昇進するのはなにも特別なことではないので、この人事は順当なものだった。一九八一年秋には、ヴォシェルが知事協会の会長に正式に選出された。ドフェールにとって大きな利点は、知事たちの利害を代弁する主要なスポークスマンとなる高官を、個人的に親しく知っていたことだ。事実、ヴォシェルはマルセイユ知事の時代から、一九八一年の選挙で左派が勝利したあかつきには地方分権を推進するというドフェールの決意を知っていた。一方ドフェールもヴォシェルがその考えに反対していることを知っていたのだが、マルセイユ政界の大物であるドフェールは「彼の」知事の意見などには聞く耳を持たず、その関係は後に二人ともパリに移動することになった後も、まったく変わらなかった。ヴォシェルによれば、彼がドフェールの考えに反対意見を唱えるたびに、内務大臣はまともに取り合わず、ただ追っ払うだけだった[15]。したがって、ヴォシェルは若い知事団の同僚たちが改革に抱く不安と反対に気づいてはいたが、その声を届けることができなかった。知事団は、階級序列意識と時の政府への忠誠心が比較的強かったため、ごく少数がきっぱり決別したものの大多数は知事団にとどまり、内輪では不平をこぼしながらも、実際にはまったく無力であった。

ボーヴォ広場にある内務省本省も、知事団の抵抗拠点としては役に立たなかった。これにはふたつの関連した理由がある。第一に、フランスの行政機構における基本的な組織単位は省庁ではなく、日本の省庁の「局」に相当する組織であると言って過言ではない。フランスでは、省庁の編成はデクレと呼ばれる政令によって簡単に変更することができるので（Bodiguel & Quermonne 1983: 147ff）、内閣の改造に伴って一部の局がある省庁から別の省庁に移行することも稀ではない。比較的安定した省庁におけるもっとも重要な局は、そんなにころころ弄《いじく》り回されることはないが、日本の通常の省庁ではごく普通に存在するような省内の一体感は、フランスの省庁にはみられない。その理由の一つは、省の全体を見渡して仕事の調和を図るようなトップのポジションが存在しないことにある。中央省庁のなかでは外務省と首相府だけが事務総長のポストを残している。事務総長は日本の行政機構にあてはめれば事務次官、英国でも事務次官（permanent secretary）に相当する（Bodiguel & Quermonne 1983: 151）。ところが、フランス内務省には日本の事務次官のように省の事務方全体を代表して語ることのできる（そして大きな影響力を持つ）官僚が存在しない。その代わりに、省内のさまざまな方向の動きを調整する役割は、大臣官房の手に委ねられている。大臣官房と各局長官との関係はぎくしゃくすることが多い（Suleiman 1972: 388-409）。ドフェールの大臣官房も、知事団の利害を守るようなことはしなかった。

第二に、内務省の場合、知事団は省内の個々の部局についてさえ独占的な支配権を持っておらず、自己利益を防衛するには弱い立場に立たされていた。表４－２は、知事団と地方自治体の双方にとってもっとも重要な地方自治体局（Direction Générale des Collectivités Locales:

表 4-2　地方自治体局（DGCL）の長官

任期	名前	所属官僚集団	生年
1960-1963	ジャンエミール・レモン	知事	1912
1964-1969	ガブリエル・パレス	財政監査局	1925
1969-1970	ジェン・ブレナス	知事	1925
1970-1972	ジャック・ミヨ	知事	1917
1972-1974	モリス・パラフ	知事	1917
1974-1974	ジャン・トレル	知事	1914
1974-1977	ピエール・ボロット	知事	1921
1977-1978	マルセル・ブラン	知事	1925
1978-1982	ピエール・リシャール	土木	1941
1982-1986	エリック・ジュイリ	国務院	1952
1986-1989	パトリック・ブーケ	会計検査院	1943
1989-1992	ピエールルネ・ルマ	行政官	1951
1992-1992	アンリ・ユーグ	知事	1935
1992-1997	ミシェル・テノ	知事	1947

DGCL）の長官の一覧である。この地位は通常、古参の知事が占めるのだが、完全な部外者であるリシャールがすでに就任していた。社会党が政権を奪取した時点で、前任のジスカール・デスタン大統領の人事で内務省が受け入れを余儀なくされていたものであった。実はむしろ、社会党は、従来よりも多くの知事を内務省の長官に任命したことが指摘されている。一九六七年には内務省の九部局のうち六つの長官を知事が占めていたが、社会党への政権交代直前までにこの比率は一六人の長官のうちたった三人にまで低下し、社会党政権がその数字を七まで押し上げた（Lochak 1985: 186）。

このようにして、ドフェールと彼の部下たちは、政策過程から知事たちの影響力を根こそぎ無力化することに成功した。右派政権のもとで頑強に維持されていた中央・地方関係をめぐる知事の鉄の支配が壊れたのである。

立法府の名士たちに耳を傾ける

迅速に進めたい一心から、ドフェールは新しい調査委員会を設置したり、地元名士たちとの再度の根回しに時間を浪費するようなことはしなかった。昔ながらの政治手法である「分断統治」を忠実に実践し、ドフェールはもう一方の共謀相手である地方名士たちに対しては、知事たちに対する冷淡な扱いとは対照的な戦略をとった。地方名士たちはドフェールの地方分権政策への協力者になることを熱望され、新たな諮問会議や非公式の調査委員会への招待こそなかったものの、彼らの代表の意見や懸念には真剣に耳が傾けられ、上院を中心に議会ではかなりの時間を使って取りあげられた。

ドフェールのチームが基本法策定の作業を完了させるやいなや、今度は政治家たちが法案の迅速な立法化に向けて動きだした。[16] 一九八一年七月二日、首相はドフェールを含む一〇人の閣僚による省庁横断の委員会を招集した。三時間に及ぶ協議の末に法案は最終決定され、七月一五日に閣議によって正式に決定された。国民議会での法案審議（第一読会）は七月二七日に始まり、法案の最初の二章のコミューンと県に関する部分は八月二日に承認された。夏季休暇をはさんで九月八日に下院の審議が再開され、地域圏に関する条項と地方行政区分の三階層に関する条項から議論が始まって、ついに九月一二日の早朝に法案全体が採択された。

国民議会で法案が採択されたことは、左派が圧倒的多数の議席を占めていたことから当然予想できる結論だった。ミシェル・ドブレのような一部のド・ゴール主義者は、地方分権、とくに広域地方行政区画化が国家の統一を脅かす危険性を思い起こせと訴え、この法案は憲法に抵触するとまで主張したが、右派の主流派の反対理由は次の二点だった。①ドフェールがまず、地方自治体に対する知事の後見監督権を廃止し、官選知事から地方議会の議長へと行政権を移す計画を進めたがっているが、その前にどのような権限や財源が、どのレベルの地方政府に委譲するのかをはっきりさせないのは、「荷車を牛の前に置いて牽《ひ》かせようとする」かのように順序がまるであべこべである。②小規模コミューンの村長にとっては、知事からの「助言と援助」を失うことは痛手となる（たとえば、一九八一年七月二三日付の『リベラシオン』を参照）。おまけに、右派は地方分権アジェンダへの戦術的な反対に強く結束しているわけではなく、地方名士の多くが所属していた中道派政党のUDFでは議員の三分の一が、法案に反対せずに棄権にまわった。

政府にとって本当の闘いは、野党が明確な過半数を維持している上院だった。上院では一〇月二八日に法案の審議が開始し（第一読会）、大幅に修正が加えられた後、ようやく一一月一九日に修正案が採択された。「フランスの全コミューンの大会議」という上院の性格にふさわしく、ミシェル・ジロー（Michel Giraud）（超大物の地方名士で、イル・ド・フランスの地域圏議会議長その他多くの役職を務める）が率いる右派の多数派議員たちは、自分たちを地方政治家の真の擁護者として描き出し、ドフェールがしかけた勝負で返り討ちにしてやろうと思っていた。この法案が委員会から上院本議会に上がってきたとき、すでに数百カ所の修正がほどこされていたが、それればかりでなく、新たに条項が追加され、権限の配分、地方独自の行政事務に関する法規、地方財政の三項目についての「逆提案」によって、政府に対する先制攻撃がしかけられていた。これらの追加条項は明白に政府からイニシアティブを取り戻し、「雄牛に荷車を牽かせる」ようにする試みだったが、その内容はおおよそのところ、かつてボネが提案した計画をそっくりいただいたものだった。ボネの提案は上院で一年半にわたって審議されたが、下院まで到達することもなく終わっていた（『ル・モンド』一九八一年一〇月二九日付）。また上院の多数派は、地方政府に自ら経済活動を拡大する権限を与える提案や、新設の審判機関による事後的な財政規律の監視制度の導入については、強い難色を示した。

上院での野党の反撃はドフェールを激怒させた。最初の数週間は怒りに満ちた応酬が続いた。ようやく沈静化し始めると、ドフェールはいくつかの譲歩を行った。重要なところでは、パリの地位に関するもの（『ル・モンド』一九八一年一一月一四日、二二日付）や、権限の配分に関する計画の公表（『ル・モンド』一九八一年一〇月二〇日付）である。これにより上院の第一読会はやや和らいだ雰囲気で終えることができたが、法案の内容には根本的な改変が施されていた。

法案は下院に戻され、第二読会が一二月一四日から一九日までにわたって行われた。下院議員たちは上院の修正案と追加条項を基本的に拒絶し、ふたたび下院の第一読会後の内容に近いものへと法案を戻した。上院の第二読会は一九八二年一月一二日から一五日にかけて行われた。上院の多数派は明らかに融和ムードになっており、ボネの法案からそっくり拝借した先制攻撃的な「逆提案」を引っ込めることを決めたが、三つの点において両院の差は埋まらなかった。①地方政府が経済介入する権限についての提案、②予算規律を担保するための裁判所を新設し、市町村長やその部下たちに責任を負わせること、③地域圏を完全な地方政府に昇格させること、の三点であるが、最後の点については上院の多数派の中においても意見は激しく対立していた（『ル・モンド』一九八二年一月一六日付）。これらの違いを調整しようとした両院協議会は不調に終わったが、一月二二日の法案の第三読会においてドフェールは上院で付け加えられた地方政府の経済活動に関する条件づけを受け入れ、また予算規律裁判所の設置も、上院多数派の要求をのんで全面的に取り下げた。上院法案は一月二六日の第三読会を経た後にも食い違っていたが、国民議会における最終審議である第四読会において、一月二八日ついに法案が採択された。基本法は一九八二年三月二日に施行された。

『ル・モンド』紙のジャーナリストは、政府が提示した計画の全体的な設計はほぼそのまま残ったにしても、六一一条の法律文書は大幅に変更されていたことを指摘し、「下院議員も上院議員も、自分たちが地方議員や市町村長を兼務していることを忘れはしなかった」と書いた（Bréhier 1982）。同じように、ジャック・ロンダン（Jacques Rondin）も次のように述べている。

> （法案の）国会通過のためには、議員の大多数を占める小さな地方自治体の政治家たちの主要な関心事を容認するような変更が必要となった。たとえば、地方政治家の責任を軽減させるために、知事の諮問権限の一部を残しておくことだ。そのことは上院で要求され、法令の最終文言にその痕跡を残している。（Rondin 1985: 69）

この文脈で指摘しておくべき重要なことは、ドフェールがわざわざ地方名士の懸念に耳を傾けたことだ。その声を代表していたのは上院だ。ドフェールは、その気になれば国民議会での圧倒的多数を背景に、上院の反対を押し切って当初の法案を無修正で押し通すこともできたはずだ。でも彼はそうはせず、むしろ小さな地方名士たちの代弁者のあいだから協力者を見つけようとした。そのためには、地方政府の自治と責任に関する自分の当初の原則の重要部分を弱めることも辞さなかった。

事実、地方政治家からの政党横断的な支持を誘いたいというドフェールの強い願望が、「荷車に雄牛を牽かせる」という彼の戦略的決定の背後にあった。つまり、最初に知事の後見監督を廃止し、行政権限を地方議会の議長に委譲させるという決定である。彼の理屈はこうだ。いったん行政権を与えられ、知事の後見監督の制約から解放されれば、地方の政治家たちは権限委譲の熱烈な支持者になるだろう（*Pouvoirs Locaux* 1992: 35）。彼の見立ては正しかった。そのことは、彼を批判する人々の多くも内々では認めている。社会党が選挙で負けだしたのは、一九八二年三月の県会議員選挙からだ。おそらく政権与党に共通する運命であろうが、このことは地方分権改革の一定の側面にかなり大きな影響を与えた。とりわけ悪名高いのは、最初の地方選挙の延期だが、権限の委譲は政府内部から猛烈な抵抗を受けながらも実施された。その理由の一つは、ドフェールが巧みにも上院多数派の「逆提案」を、非協力的な内閣の同僚たちに突きつけたからだ。

「七年の任期中で最大の仕事」

一九八二年三月二日に発効した基本法は、第一条で「コミューン、県、地方圏は選挙で選ばれた議会を通じて自由に自らを統治する」と宣言した。こうして地方政府の三階層すべてにおいて地方自治の原則を確立したうえで、具体的なことはのちに定められる法制にゆだねるとした。すなわち各レベルの政府のあいだでどのように権限が配分されるかを決めたり、地方政府の財政の問題や、地方圏の組織、地方行政機構改革、選挙制度改革、地方自治体間の連携形態、地方政治への市民参加拡大を図ったりすることなどが後回しにされたのである。

社会党は選挙前の公約を忠実に守り、過去の中道右派の分権改革の試みの臆病さとは明らかな差を示し、知事による後見監督を行政と財政の両面で廃止した。後見監督権による事前の規制や介入の代わりに、地方政府による決定の合法性を事後に審査する制度が設けられ、行政上の問題については行政裁判所が、財政上の問題については新設の地域圏会計検査室がチェックすることになった。これはコミューンの中央・地方関係の原則における重要な変化を表しているが、じつは改革の前からすでに知事の後見監督はそれほど差し出がましくなくなっていたという指摘や、逆に小さな田舎のコミューンにおいては単に自治的な意思決定の能力（とくに技術的な）も資源もないため、目立たない形で事実上の後見監督が継続しないわけにはいかない、との指摘もある。たとえそうであったとしても、後見監督の正式の廃止による地方の自治と自由という新しい原則の提案は、フランスにおける旧来の地方分権のパターンからの根本的な決別を具現していたといえよう。これまでのどの政府も、そんな政策は試みたことすらなかった。社会党は官選知事の後見監督権を廃止すると公約し、本当にそれを実現したのだ。

さらに基本法は、中央政府が経済や社会や雇用の政策に関する責任を担うという原則を堅持しつつも、コミューンに対して、これらの分野に一定の条件のもとで介入する権利を付与した。たとえば、困窮した会社に直接的または間接的な支援を与えるといったことが認められた。これは大革命以来のジャコバン派の伝統によるタブーを破るものだったとされる（Ohnet 1996: 180）。

県に与えられた自由の拡大も、それにひけをとらず重要だった。ここでも社会党は公約を守って、県の行政執行権を官選知事から取り上げて県議会の議長に与えた。これらの新たな県行政の最高責任者を支えたのは、副議長、地方行政部局、地方公務員だった。県議会はまた、自らの内規を自由に決定することを許され、県もコミューンと同じように官選知事を通じた中央政府の後見監督から解放された。一九八二年三月二四日には、すでに行政権の委譲が迅速かつ円滑に進んでいたが、同月に行われた県議会選挙では政権与党が議席数を減少させていた。一方、右派は選挙後に三分の二近くの県で勝利を収めており、地方分権改革の最大の受益者となった——少なくとも短期的には。それにもかかわらず、社会党はすでに基本法によって、さらに多くの権限を県に委譲する追加の措置を法制化していくことを決めていた。

知事は、県政における最高責任者としての突出した地位を失い、いまやその身分は県における国の代表にすぎなくなることが確定した。実際、県議会で国家の名において発言できるのは知事だけだった。そんなわけで、知事が担うべき役割は、中央の各省庁の代表であることと、県内で行われる国の行政事務を、デクレで明白に指定されているものを除いてすべて統括することであったが、現実には多くの政策分野において知事権限を法の額面通りに行使することは難しかった。知事団がドフェール改革の最大の敗者であったことは間違いない。ショックで精神的に参ってしまい、知事団の士気はどん底に堕ち、その後も長く沈んだままだった。さらに追い討ちをかけるように、社会党は一九八二年四月二八日のデクレによって彼らの称号さえ剝奪し、公約通り「知事」から「共和国弁務官」という名称に改めた。[17] おそらく他の何よりも、知事が味わった屈辱と怒りこそが、社会党の改革の残酷な側面を証明するものだろう。

地域圏もまた基本法により、執行権限が地域圏知事から地域圏議会の議長に委譲された。他方、従来の公約とは裏腹に、地域圏議会議員の選出に直接普通選挙を導入することは当面は延期された。ようやく一九八六年になって、社会党の議席数が選挙のたびに大きく減少するなかで実施されたが、それまでの間も、地域圏議会とその議長は権限委譲による恩恵を受けていた。地域圏議会を構成するにあたっては、引き続き当該地域圏から選出されている上院議員や下院（国民議会）議員が職責で務めたほか、地方議会（コミューン議会や県議会）議員の互選による地方代表も加わったが、彼らは、直接の住民による委託を受けていなかった。選挙のルールが決まり、新しい地域圏議会議員が直接普通選挙で選出されるようになるまでは、地域圏を県やコミューンと同等の完全な住民の自治体としての正式な地位に引き上げることは延期され、その後四年間にわたり、ただの公共団体の地位に甘んじることになった。もう一つ留意すべきことは、社会党は以前の公約をひるがえし、地域圏の区割りの再調整問題については調査を試みさえしなかったことだ。従来からの地域圏がそのまま承認された。

権限の面では、一九八二年三月の基本法では、地域圏は域内の経済、社会、衛生、文化、科学、国土開発の促進や地域アイデンティティの維持に責任を持ち、同時に県やコミューンを尊重するとされた。とくに経済計画の分野では、地域圏の役割が強化された。地域圏は、国家経済計画の策定に協力し、地域経済計画においては主な責任を担うことになった。

地域圏の選挙制度に関しては、社会党は一九八五年に遅ればせながらようやく決定を下した。最終的に採択された選挙制度は妥協の産物であり、つじつまの合わないものだった。以前の公約を尊重して、社会党政権は比例代表制度を採用したが、政党名簿のために選ばれた選挙区は地域圏全体ではなく（地域圏主義者たちはそれを望んでいたし、理屈の上でもそうであるべきだったのに）、地域圏内の県単位であった。このような選挙の区割りが採用されたことは、県中心主義者の激しい抵抗を象徴していた。比例代表制はまた、地域圏におけるリーダーシップの安定性や実効性の問題を生み出した。というのも、極右政党の国民戦線（Front National）が地域圏議会でキャスティングボートを握る状況がしばしば生まれたからだ。たとえば、右派がＦＮの支援を受けて行政執行権を握るか（その場合、極右との連携への反発が地方政府を麻痺させることが多い）、または左翼が少数派執行部を形成した場合（その場合は当然、強力なリーダーシップはあまり期待できない）である。したがって、地域圏が地方政府の正式な一階層として最終的に認識されるようになったとしても（それ自体が選挙制度の確立までずれ込んだが）、それをもって県というライバルを追い抜くことにはならなかった。地域圏でやるか県でやるかという選択を拒絶し、地域圏のアイデンティティを育み、発展させるリーダーシップを生み出す選挙制度を考案できなかったことにより、社会党は県の地域圏に対する優越的地位を保全することになってしまった。

地域圏改革がぐずぐずと進まなかったことや不完全に終わった性質は、社会党が政権を取ってみて考え直したことや、次第に募る不安を強く反映していた。彼らは野党時代の約束に基づいて広域地方行政区画化を実施するように縛られていたが、政権に就いてみるといろいろ考慮しなければならない諸事情が出てきたため、その進捗は引き延ばされ、内容は薄められた。

またコミューンレベルでも、地方政府への代表選出をより民主的なものにするために、選挙法制が若干修正された。一九八二年一一月、人口三五〇〇人以上のコミューンに対し比例代表制の要素が新法によって適用された。[18]

基本法が、三段階の地方政府のすべてで選出された議員に権力を委譲することなどにより、地方自治の充実のための条件を定めた後は、ドフェールと彼のチームは迅速に次の課題にとりかかり、強化された地方政府の権利と自由に付随させる行政機能の委譲を始めた。社会党が議会選挙で敗北し、その結果としてミッテランは一九八六年にジャック・シラクの右派政権との共存を余儀なくされていたが、そのときまでに地方分権に関する四八もの法律と二六九のデクレが公布されていた（Schmidt 1990: 105）。そのなかでもっとも重要なものには、国家と地方政府のあいだの権限の再配分に関する一九八三年一月七日と七月二二日、八五年一月二五日の法律があった。

しかし、地方政府への行政機能の分権化は、政策分野によって成功にばらつきがあった。[19]全体的に言えば、コミューンは都市計画（urbanisme）に関してより強い発言権を得た。とくに重要だったのは、土地使用計画のゾーニング（ＰＯＳ）策定を提案したり建築許可証を発行したりする自由を手に入れたことだ。一方、県には社会サービスや保健サービス、公共交通機関の提供に関する重要な責務が与えられた。最後に、地域圏は地方経済計画、産業支援、職業訓練などを担当した。さらに、三つのレベルの地方政府はすべて、経済開発（基本法で定められている）や、港湾と運河についての役割を強めた。程度は劣るが、教育と文化についてもそうだった。教育と文化こそは、中央集権の根強い支配がはっきり見える政策分野の一つであった。内容（たとえばカリキュラム）は本質的に国家によって管理されており、地方政府に任されていたのはインフラ整備（たとえば学校校舎の配置、建設、維持管理など）だけだった。

シュミットが正しく主張したように、

財政的資源の移転は、行政機能の移転に似た運命をたどり、政治的配慮が急進的な変化の足かせとなった。……そして地方政府に、完全に支配できる自主財源を与えるのではなく、［社会党は］一部の財源を国税からの移転により直接に供給し、残りは使途を指定しない包括的補助金の制度によって保障する政策をとった。（Schmidt 1990: 132-133）

しかし、この方面における社会党の相対的なへっぴり腰は、彼らの選挙前の公約とほぼ一致するものだった。地方政府の財政改革は地方の側からの要請を十分には満たしていなかったが、それでも補助金の統合が進んだことで地方政府はこれまでよりも自主的に財源の用途を決定できるようになった。一九八五年には包括的補助金が国からの資金移転全体に占める割合は八〇％強となり、一九八〇年の約六〇％から大きく上昇した（*Documentation Française* 1985）。一部の租税は地域圏や県にも移転された。地域圏には自動車登録税（carte grise）が移転し、県には毎年更新される自動車ステッカー（vignette automobile）と一部の不動産関連税が移転した。

地域の草の根民主主義の強化は、大いに論議された自治・自主管理の概念を含め、社会党が野党時代に勢力を拡大する過程で大いに重視した問題であった。しかし、これまで見てきたように、一九八一年の選挙に向けた期間には、すでに多くが忘れられていた。政権を取った社会党は、地域の問題に市民の参加を促すための努力はほとんどせず、後続の立法措置によってそれを達成するという基本法での約束は反古《ほご》にされた。ドフェールの改革の背景にある政治的な駆け引きをもっとも鋭く見通した論考の一つが、「地方名士たちの祝祭 Le sacre des notables」という表題を持つのには十分な理由があった（Rondin 1985）。多くの権限が地方のエリートに委譲されたが、必ずしもそれに見合った市民の発言権を強化する措置が伴ったわけではなかった。

事実、社会党が地方の民主主義の拡大に間接的とはいえ貢献するために採用した数少ない全国的措置の中には、公職の兼務を制限する法律があった。遅ればせながら一九八五年一二月三〇日に制定されたこの法律は、基本的に一人の人間が兼務できる主要な公選職の数をふたつまでに制限し、また地方の首長職を兼務することを禁じていた。[20] これにより、評判は悪いが広く行われている公職兼務の慣習との戦いが一歩前進し、地方の選挙政治への新規参入のすきまをつくることになった。とはいえ、もっとも頻繁に行われていた兼職形態（すなわち「下院議員と市町村長の兼務 député-maire」および「上院議員と県会議員の兼務 sénateur-conseiller général」）は手つかずで残った。また国の行政官と地方の首長の兼務（たとえば大臣と市町村長）を大目に見るという、とても道理の立たない例外もあった。さらには規制の実施そのものが、段階的で手ぬるいものだった。政治家は次の選挙が行われるときにのみ、公選職を手放すように求められ、また選挙が終わった後で、どちらの職を手放すかを選ぶことができた。

最後に、パリ、リヨン、マルセイユの三大都市に関しては、地方政府を住民に近づけるための特別な条項が発明された。そこではコミューンの下位組織として自治区（arrondissement）の議会と自治区長ポストが創設された（コミューン自体の市町村長と議会はそのまま存続する）。地方自治体の議会が財政についての全般的な権限を持ち続けたが、自治区は年次交付金と一定の意思決定権を与えられた[21]。

この章では、「エナルシー énarchie」と呼ばれる国立行政学院卒業の官僚による支配に関する一般的な神話とは対照的に、選挙と立法の両過程における政党間の競争のダイナミクスが、政党や政治家に力と活力を与え、政策変更をもたらす可能性を明らかにした。この観点に立てば、政権交代前の長きにわたる中央集権体制は構造的要素によって決定された不動の結果ではなく、実際には保守派の支配によって政治的に条件づけられたものであったことが確認できる。

第5章　日本の連立政治

一九九三年の日本の政権交代は、野党第一党が与党を打ち負かしたために起きたわけではなかった。むしろ、日本社会党の衆議院における勢力は、この総選挙で一三七議席から七七議席へとほとんど半減したのだ。自民党が政権の座を失った理由はひとえに内部分裂で党が割れたことにあった。しかも負けてもなお自民党は二二八議席を確保する国会の最大勢力であった。一方、社会党はいまや第二党の地位も危うくなっていた。新たに結成された新生党（もとは自民党の羽田派）が六〇議席を獲得したからである。

歴史的な政権交代が、ただちに意欲的な地方分権プログラムの作成と実施へとつながったというわけでもなかった。日本は一九九三年以降、連立政権の時代を迎えたこと、また内閣の交代が引き続き頻繁に起こったこと（表5－1参照）などの理由で、分権派が改革の概要について合意を形成するまでに時間がかかったのである。実際、改革の根幹となる要

表 5.1　日本における政府の交代　1992 年 –2000 年

自民党の支配 1993.8 まで	与党	自民党
	野党	日本社会党、公明党、日本共産党、民社党、社会民主連合など
連立内閣		
1993.8–1994.4	首相	細川護煕（日本新党）
	連立与党	日本社会党、新生党（旧自民党羽田派）、公明党、日本新党、民社党、新党さきがけ（旧自民党リベラル）、社会民主連合
	野党	自民党、日本共産党
1994.4–1994.6	首相	羽田孜（新生党）
	連立与党 [a]	新生党、公明党、日本新党、民社党、 （新党さきがけ）[b]
	野党	自民党、日本社会党、日本共産党
1994.6–1996.1	首相	村山富市（日本社会党）
	連立与党	自民党、日本社会党、新党さきがけ
	野党	新進党（旧新生党、公明党、日本新党、民社党）、日本共産党
1996.1–1996.11	首相	橋本龍太郎（自民党）
	連立与党	自民党、社会民主党（旧社会党）、新党さきがけ
	野党	新進党、日本共産党
自民党の復調 [c]		
1996.11–1998.7	首相	橋本龍太郎　第二次（自民党）
	連立与党	自民党（社会民主党、新党さきがけ）
	野党	新進党、民主党、日本共産党
1998.7–2000.4	首相	小渕恵三（自民党）
	連立与党	自民党、自由党 [d]、公明党 [e]
	野党	民主党、日本共産党、社会民主党

注　[a] 少数派与党　[b] 閣外協力　[c]1997.9 自民党が衆議院過半数を回復
[d] 1999.1 から連立　[e] 1999.10 から連立

素が決定したのは、社会党の村山富市を首班とする連立内閣が成立し、自民党が政権に復帰することになってからのことだった。

細川政権を支えた非自民七政党一会派は、一九九三年七月二九日に連立合意書に調印した[1]。その中には「地方分権の推進と本格的な地方自治の確立」という項目が、主要政策の一つとして盛り込まれていた（連立政権樹立に関する合意事項 1998: 227）。また同じグループのあいだで、「地方分権を進める法的措置を講じ、地方自治に基づく民主政治の健全な発展、東京一局集中の是正、魅力ある地域社会づくりに努める（八党派覚え書き 1998: 229）。連立に参加した主要政党は、個別にはもっと具体的な改革案を提唱し、地方自治体への大胆な権限委譲や財政面の地方分権を主張していたのだが、連立政権でも同じ政策を推進したわけではなかった。

たとえば、小沢一郎と彼に従う新生党の議員たちは、市町村合併をさらに加速させることを呼びかけていたが、細川首相率いる日本新党は、この問題について立場を明確にしていなかった[2]。細川内閣は、連立全体で合意できる立場を模索するため、一九九四年二月一五日に閣議決定を行い、年度内には中央・地方関係の改革のための政府計画を策定し、承認することを定めた[3]。

一九九四年四月、細川護熙に代わって羽田孜が首相になると、連立を組んだ各党は先に覚書の形で交わした合意内容をそのまま再確認した（新連立合意については、朝日新聞 1994a 参照）。連立政党のあいだの諍《いさか》いにより、さきがけと社会党が連立を離脱したため、羽田孜内閣は短命な少数派内閣に終わり、地方分権プロセスへの唯一の貢献は、細川内閣がやり残した仕事を引き継いで政府の行政改革推進本部に地方分権部会を発足させたことぐらいであった。地方分権部会の使命は、中央・地方関係の改革プログラムの草案を、地方代表や学識経験者との協議をふまえて準備することであった。しかし羽田内閣はわずか二カ月で崩壊し、結果的には、社会党の首相を自民党と新党さきがけが支えるというまったく異なる連立の枠組みのもとで[4]政府方針が決定されることになり、地方分権改革のプロセスが本格的に始動した。

万年野党の社会党と万年与党の自民党が、リベラル派小政党さきがけを引き込んで連立政権を打ち立てたことは、以前ならとうてい考えられないことであった。この前代未聞の出来事は、長期にわたる重大な影響をもたらした。社会党の村山富市が一九九四年六月二九日、国会で新首相に指名されたわずか五時間前、さきがけと社会党は共同で基本政策についての合意を練り上げたが、そこに盛り込まれた地方分権政策のきわめて具体的な提案は、全体として自民党にはまだ受け入れられていないものだった。社会党は当時、自民党からも、非自民陣営からも連立パートナーとして強烈な誘いを受けていた。いずれの陣営も、社会党を引き込めば組閣が可能だったからだ。自民党は、政権に返り咲きたい一心から、首班指名で社会党の党首に投票し、社会党とさきがけの政策合意を丸呑みすることに同意した。基本政策合意は、地方分権化実施プロセスを監督する第三者機関の設立と機関委任事務の原則廃止、原則として包括交付金に補助金を合理化することを約束していた

（『毎日新聞』1994）。

この合意は、従来の提案に比べてふたつの点で際立っていた。第一に、「受け皿論」（市町村合併、広域地方行政区画化、都道府県連合など形態はさまざまだが）が完全に欠落していることで、第三行革審の答申を含む従来の提案とは明らかに一線を画していた。このような現実的な選択は、改革の範囲を制限することになったかもしれないが、その代わりに地方分権がより実行可能性の高いものとなった。実際、戦後の地方分権をめぐる議論が常に受け皿論に振り回されてきた事実を踏まえると、制限を課したとはいえ現実的なこの決定の重要性は強調しておかねばならない。第二に、改革は革命的な変化をめざすものではなく、焦点があてられていたのは数十年前の連合国軍占領時代の改革が手をつけ損なった「変則的な」中央集権支配体制のなごり、すなわち機関委任事務を廃止することだった。その意味では、なにも目新しい政策ではないのだが、それでも改革派が機関委任事務の原則全廃をめざしていたことは重要である。機関委任事務は戦後期に拡大され、一九八〇年代半ばになってさえも、第一次行革審はこれが有益な制度になりうるとみなしていた。過去の答申は合理化や量的削減の目標を設定するにとどまり、制度の完全廃止を要求するには至らなかった。

この単純な連立合意が、村山内閣の地方分権化の取り組みの出発点となった。連立内閣の分権派は、政治家や官僚の猛烈な抵抗に遭いながらも改革を進めていくなかで、何度もここに立ち返った。その影響は、連立政権の枠組みを超えて長続きしたと言えるかもしれない。この合意に基づき、一九九五年五月に地方分権推進法が制定され、七月に地方分権推進委員会が設立された。委員会は一九九八年一一月までに中間報告を一回行い、五次にわたる勧告を答申した。同委員会の勧告が、一九九九年七月に制定された地方分権一括法（以下「地方分権法」と記す）の基礎となった。[5] 地方分権法は最終的に、二〇〇〇年四月に発効した。

連立政権のリーダーシップとその限界

自民党は社会党や新党さきがけとの連立に依存していたため、政策に関する基本合意を丸呑みさせられただけでなく、長年の一党支配によってつくりあげてきた政策プロセスのあり方の大幅な見直しを迫られた。かつては自民党と中央官僚の独占支配のもとに置かれていた政府内の政策プロセスがこじ開けられ、多くの連立与党内の委員会が立ち上がり、連立内閣の政策の方向性について意見対立の調整と合意形成の促進が図られた。これにより、政党間の力学が政策に影響を及ぼしはじめた（草野 1999: 200-203; 伊藤 1997: 166-171）。こうした合同委員会の中には、これまで自民党がおろそかに扱い中央官僚の裁量に任せきりだった政策を取り上げるものもあった。地方分権も、そうした政策の一つである。おまけに、政治家や官僚の抵抗が排除されたわけでは決してないものの、新しい政策プロセスのなかで具体化した政党間の合意はそれなりの重みを持っていた。実際、小沢一郎が社会党を失った（ゆえに政権も失った）のは、彼が高圧的な脅しの手法を用いたせいだった。自民党の指導部は同じ誤りを避け、格下のパートナーの意見も喜んで受け入れるつもりだった（相手のことが必要である限りだったにせよ）。

自民党から勝ち取った最大の譲歩として、社会党の党首はじつに四五年ぶりに首相の座を手に入れた。とはいえ社会党の党勢は急速にしぼんでいたのである。村山富市は、自分自身や社会党の政治資源が限られていることを痛感していた。彼は大分県職員労働組合の出身で、国会議員になる前は大分県の県議だった。

地方分権は、彼が首相として達成したい二大目標の一つだった。[6] だが、それは皮肉なことだった。この時にはもう、革新自治体の時代は遠い昔のものとなり、地方への権限委譲に政治資源を傾けることに、もはや社会党としての直接的なメリットはなかったのである。それでも社会党にとって地方分権を推進することは、旧来の敵と連立を組むことを正当化するための方便として役に立つ側面があった。勢いのあるさまざまな新党に振り回され、脅かされて、社会党は経済や外交や安全保障問題における左派としての重要政策をあっさり捨てるという代償を支払うことで、権力の分け前にあずかったが、政党としての方向性を見失っていた。このような状況のもとで、地方分権は社会党が自前のものと呼べる数少ない政策の一つだったのだ。村山首相は、同じ社会党の議員、山口鶴男を総務庁長官に任命した。総務庁は地方分権化プロセスにおいて多数の省庁のあいだのさまざまな利害関係の調整を請け負う機関であったため、これは重要なポストだった。山口は衆議院地方行政委員会に何年も在籍しており、地方自治体をよく理解していたのである。

しかし山口鶴男以上に、社会党の地方自治に対するコミットメントを象徴する人事は、五十嵐広三を内閣官房長官に任命したことだった。五十嵐は国政に乗り出す前は北海道旭川市の革新市長だった。そうした背景と地方自治への関心から、彼は一九九一年以来ずっと、社会党の「影の内閣の自治大臣」であった。そのため彼は、機関委任事務の原則廃止、地方分権推進法の制定、地方分権推進委員会の設立などを唱える社会党の地方分権政策を書き上げた人物であった（西尾編 2001: 5, 五十嵐 1997: 198-200）。これらの提案が、他の政党やシンクタンクによる同様の改革提案が多数発表されることにつながった。この勢いを維持するため、五十嵐は地方分権促進のための前例のない国会決議を提案し、一九九三年に衆参両院において全会一致で採択させた。それは細川護煕が首相に就任するわずか二カ月前のことだった（西尾 2001: 5-7,25; 五十嵐 1997: 201-202）。五十嵐は村山政権の官房長官として、地方分権推進委員会の構成員を任命する上で重要な役割を果たすことになった。[7] 地方分権を「ライフワーク」とみなす五十嵐にとっては（松本ほか 2000: 23）一九九〇年代の改革は、かつて革新自治体が全盛をきわめた頃に飛鳥田一雄のような同志たちと一緒に進めた闘いの、足跡をたどるようなプロジェクトだった（五十嵐 1997: 209）。

大蔵大臣に就任した新党さきがけ党首の武村正義は、滋賀県の元革新知事で、相乗り候補として再選を果たした。後に自民党に担がれて国政に進出したものの、一九九三年に宮沢内閣が政治改革の公約を果たさなかった際に、十数人の若手議員を引き連れて自民党を離脱した。もともとが革新陣営の出身なので、武村正義は社会党と自民党のあいだの接着剤となるにふさわしい背景の人物だった。

自民党は、立党以来初めての野党経験から完全には回復していなかった。改革派の衣をかぶることは、第一に仇敵転じて味方となった社会党を連立に引きとめておくために、第二に、それよりずっと手ごわい小沢一郎率いる野党を押しとどめておくためにも、ぜひとも必要だった。こうした連立政権の時代における新たな配慮は自民党を大いに揺るがし、政策スタンスの大幅な変更を迫った。野中広務は京都の地方政界で何十年にもわたり政治手腕を磨いた後、五〇代の後半になって国政に進出した人物だが、彼が村山内閣の自治大臣を務めた。彼は、社会党との連立が破綻すれば、ただちに小沢一郎に権力を引き渡すことになると、よく承知していた。

内閣は、自民党の一党支配のもとで日本国憲法の「実効的部分」というより「尊厳的部分」（ウォルター・バジョットの表現）になっていたが、連立内閣において活性化し、重大局面において調停役を果たすことにより改革プロセスを前進させ続けた。[8] 地方分権推進委員会が発足すると、この連立政党合同の地方分権プロジェクトチームが政治的支援を提供し、改革の勢いが失われることを食い止めた（西尾 2007: 22）。

しかし同時に、連立内閣の枠組みでは政治的リーダーシップに大きな限界があった。自民党一党支配の時代に日本の政治につきまとった頻繁な首相の交代は、連立の時代になっても引き続き問題であり続けた。小渕恵三首相のもとで地方分権法が制定されるまでのあいだに、日本では六年間で五人の首相が交代した。村山富市、五十嵐広三、山口鶴男はともに政界から引退しており、武村正義は自党のごたごたで無力化され、野中広務だけが官房長官として政治権力の絶頂にあった。安定した政治的リーダーシップの欠如は、閣僚レベルの交代を見ると、さらに深刻だった。従来の慣行に従って、村山首相は首相就任後わずか一年で内閣改造を行い、内閣官房長官や自治大臣など重要ポストの守り手も交代させてしまった。また、どの方面においても、党内の融和や忠誠心の欠落が目を引いた。いくつかの新党が生まれては消え、政治家が所属先の政党をころころ変えることもごく普通になった。

やがて自民党の存在が格下の連立パートナーを圧倒するようになり、首相の座を取り戻した。橋本龍太郎は最初、同じ連立政権の枠組みで首相に就任していたが、一九九六年秋の衆議院選挙で自民党が勝利した後は、連立は名ばかりのものとなり、事実上の自民党の一党支配となった。ちょうど地方分権プロセスが進捗を見せ、自民党の政治家たちが知事に権限が集まりすぎだと抗議し始めたところだった（西尾 2007: 38-42）。これらの自民党議員の多くは、恩顧主義ネットワークの中心にいる自分たちの地位が、都道府県への権限分与の結果、知事に取って代わられることを恐れていた。そうした態度への変化は、必然的に地方分権のプロセスに影響を与えた。村山連立内閣は自民党の議会勢力がどん底に落ちた時期に成立したが、その時点でさえ自民党は衆議院で社会党の約三倍の議席を確保していたのである。連立パートナーにとって、自らの意見を自民党に聞かせるのは容易なことではなく、自民党が復活の軌道に乗ってからは、いっそう難しくなった。

官僚による政策立案は、従来の盟友たる自民党が政権に復帰するに伴い、次第に中心的な役割を取り戻すようになってきた。保守の優勢が三八年間も続くなかで（そのルーツを戦前までさかのぼれば、さらに長期間）、自民党は、国家官僚に依存しない政党ならば備えているはずの本格的な法案作成能力を身につけることがなかった。しかし、同じコインの裏側として、社会党も四五年もの長きにわたり在野で過ごしたため、わずかばかりの法案作成能力を備えていたにしても、それはすっかりさび付いてしまい、予期せぬ形で政権に就いたときは、使いものにならなかった。このことは、社会党が地方分権プロセスの先頭に立ち、中央政府から権力をもぎとって地方自治体に引き渡すことを、いっそう難しくした。それが意味するところは、政党間の構想が改革プロセスの大枠を条件づけていたとはいえ、実際の政策決定がなされる場所は、地方分権推進委員会と中央省庁の代理戦争の場だったということだ。

地方分権委員会

村山首相は地方分権推進委員会の七人の委員を正式に任命するという重要な責務を負っていた。総務庁は任命可能な人材をリストアップしたが、逆方向からの甚大な圧力を受けた。このとき五十嵐広三が官房長官として、総務庁の勧告をもとに、さまざまな利害関係者たちとの激しい議論を経て最終決定を下した。[10]太平洋セメント株式会社の会長で日経連副会長だった財界の大物、諸井虔が、地方分権推進委員会の委員長となった。他のメンバーは、堀江湛（政治学者）、樋口恵子（評論家、政府審議会の常連、唯一の女性メンバー）、西尾勝（東京大学行政学教授）、長洲一二（元神奈川知事）、桑原敬一（福岡市長、元全国市長会長）、山本壮一郎（元宮城県知事）、などだった。諸井虔は地方分権の専門家ではなかったが、政治的に可能な範囲をわきまえた穏健な地方分権主義者だとみなされていた。堀江湛は政治学者、樋口恵子はこの政策分野における専門知識にさらに乏しく、なにか役割があるとすれば、官僚や他の急進的改革に反対する人々を安心させるためのメンバーとみなされていたようだ。一方、長洲一二は、もちろん地方分権の提唱者として知られた元革新知事であり、一部の官僚たちにとっては不安の種だった。[11]興味深いことに、他の二人の地方政府「代表」のうち、桑原敬一は元労働省事務次官であり、山本壮一郎は自治官僚の出身だった。

この絶妙な構成バランスのグループ（全体としては地方分権に好意的であるが、一部の者は中央省庁からの圧力にきわめて影響されやすい）のなかで、西尾勝は突出して重要な専門家であり、委員会の実務を主導した。彼はまた自治省との絆が強く（門下生の多くが自治省に入っていた）、地方自治体とも密接な関係を築いていた。過去の地方分権をめぐる議論を脱線させた不毛な受け皿論に再び引きずり込まれることのないように、西尾は機関委任事務の廃止に全力を傾けており、この問題が改革の取り組みの焦点であり続けるように、さまざまな場における討論や、地方分権推進委員会に先立つ勧告において、常に議論をリードしてきた[12]。この政策分野における第一人者として、西尾は典型的な東京大学法学部の教授であった。すなわち、彼は学者であると同時に政策ブレーンでもあったのだ。地方分権推進委員会に入ったいま、彼は事実上フルタイムの政策立案者となった。

委員会には、二四名の専門委員が付随した。彼らは正式には首相によって任命されたが、現実には、おおむね関係省庁や利権団体の中から、精緻なバランスの上にたって選出されていた——雇用者団体から二名、労働運動系が二名、事務次官経験者五名（自治省、大蔵省、農林水産省、厚生省、建設省からそれぞれ一名）、地方自治体から五名、メディアから四名、学識経験者が六名である。これらの専門委員は委員会のふたつの部会に振り分けられた。

委員会の事務局も、これと同様の慎重な配慮のもとに編成された。むしろ官僚は事務局人事の構成にはいっそうの気配りを効かせていた。というのも、たいていの政府審議会では、実務を担うのは事務局だからである（ただし後述するように、地方分権推進委員会では実際はそうはならず、かなり異例の態勢がとられた）。事務局には、総務庁と自治省からそれぞれ七名、大蔵省から三名、農林水産省、運輸省、厚生省、労働省、建設省からそれぞれ一人ずつで五名が出向し、地方自治体からも五名、民間セクターから二名、最後に地方自治体労組から一名が送り込まれた。事務局長は総務庁で、副局長は自治省の出身だった。ナンバースリーの地位には、総務庁、自治省、大蔵省からそれぞれ一名ずつが就いた[13]。要するに日本の官僚政治の純然たる産物である[14]（西尾 2007: 33）。諸井虔委員長はこの事務局への不信感を公然と表明した。「地方分権委員会には独立した事務局があるのだが、これは各省の寄合い所帯で、戦闘能力はきわめて弱い。どちらかというと、お里の役所のほうに現在分権委員会でこういうことが進んでいると報告するのが第一の仕事という感じがある」(松本ほか2000: 6)。事務局の内部の相互不信と敵意ははなはだしく、労働組合から派遣されたスタッフが嫌悪感をこめて暴露したところによれば、「自治省の自治省による自治省のための分権型社会の創造と地方自治の廃止」と副題をつけた中間報告をパロディ化した怪文書がばらまかれ、自治省から出向した特定のスタッフが個人攻撃されたり、地方分権推進派のスタッフがある朝オフィスに来てみると、誰かが自分のコンピュータや椅子や電話機に大量の接着剤を吹きつけていたりしたというような事件が起きていた(松本ほか2000: 205)、

じきに委員会にとって明らかになったのは、ふたつの部会に分かれ、事務局に「支えられた」(むしろ振りつけられた)委員会の表向きのつくりは、改革の任務を遂行するためにはまったく不適切だということだった。西尾勝の東京大学の親しい同僚で委員会の専門委員だった大森彌は、そもそも事務局の官僚たちには、自治省からの出向者を除いて、地方分権を推進することに何の動機づけもないと指摘した。もし彼らが地方分権を熱心に推進したならば、彼らは本庁に戻れなくなるか、あるいはキャリアに傷がつく可能性が高いのだ(大森ほか2000: 9)。地方分権推進委員会は、西尾勝、大森彌、成田頼明(行政法学者・専門委員)の他にも、行政学、行政法、財政学の分野の学識経験者を補充することに決定した。彼らに直接、中央省庁の官僚たちとやや非公式な場で交渉してもらうためだ。

だが、もし委員会が、事務局こそが問題であると考えていたのだとしたら、彼らは何も

見ていなかったことになる。事務局を戦場に変えてしまった縦割り行政の締めつけは、中央省庁のあいだで積極的に繰り広げられる壮大な縄張り争いの、一つの縮図でしかないからだ。彼らの視点からみると、地方分権化は、自治省が研究機関などに「飼って」いる専門家のネットワークを動員して省勢を拡大し、地方自治体にいる子分たちの勢力を伸ばすための手段にすぎないのだ。一九九〇年代の連立内閣の地方分権派閣僚にできた最善の措置は、地方分権政策が立法議案となることを確実にし、改革の一般原則を確立することだった。このこと自体も、過去の試みに比較すれば、なかなかの成果であった。しかし、たとえ地方分権派の政治家たちが実現させた国会決議、連立政策合意、閣議決定などのおかげで、もはや地方分権に反対する官僚や政治家たちも改革への反対を公然と表明することは基本的にできなくなっていたとしても、改革派が民主的な手続きによる委任を受けて進むことができたのは、そこまでだった。共通のイデオロギー的な綱領という土台が欠如しており、おまけに政党としての法案提出能力も不足している中、改革の肝心な詳細は技術面および法務面の知識を有する二組の主体のあいだの直接交渉にゆだねられた。すなわち、地方分権派の専門家と中央官僚である。彼らはともに、民主主義的な正統性をほとんど持ち合わせていない。後に改革の後半になって、地方分権化のプロセスを始動させた分権派閣僚たちがすべて政権から去ってしまったとき、中央官僚は族議員たちを効果的に動かし、それ以上の改革の進展を阻止したのである。

地方分権派の専門家と中央官僚の対立

地方分権推進委員会は、自治省が支配する地方制度調査会よりも、もっと包括的な土俵で地方分権問題を取り扱うという習慣に従いながらも、行政改革をより幅広く扱ってきた臨調や行革審とは対照的に、中央・地方関係の問題に焦点を絞って一九九五年七月に審議を開始した[15]。委員会は政府審議会の「常連」によって構成されていたが（実際、その多くは以前に行革審や地方制度調査会に参加していた）、これらのベテラン委員が有利だった点のひとつは、官僚が政府審議会の議事進行をコントロールするために使う手口を熟知していたことである。七人の委員は、発足当初から委員会事務局によって手足を縛られてはいけないと判断し、可能な限り行動の自由を確保するために意識的な努力を行った。具体的には、委員会は次の点を譲らなかった。①事務局が今後の会合の議題を最初に設定するという慣習に従わず、最初の数回の会合は委員による自由討議に使うこと、②追加的な専門委員の任命とそれに対応する部会の設置を延期することにより、委員会メンバーが最初は自分たちのあいだで議論を行い、委員会がどこまでを達成目標とするかについて、官僚がお膳立てを始める前に基本的な理解を交わしておくこと。しかし、第一回会合では委員会のすべての会合の議事録が氏名の記載をいっさい省いた上で公開されることと、その一方で中央省庁および他の団体から委員会で諮るために提出された書類や陳述書についてはいっさい公開されないことが決定された。

最初の三カ月の期間に行われた一連の自由討論の結果、当面のあいだ受け皿論は退けられることが確認された。一方、機関委任事務の制度を丸ごと廃止するところまで踏み込むか否かについては、いまだ決定ができなかった。一〇月には専門委員が任命され、小部会が設置され、地方六団体と中央省庁に対する公聴会が始まった。地方自治体側は機関委任事務の原則廃止を強く要求し、中央省庁側はそれに負けぬくらい強く反対した。委員会からの中間答申は、連立三党の地方分権に関する合同プロジェクトチームの要請に応えるため、一九九六年三月末までに完了する予定であった。締め切りが迫る中、明らかな膠着状態に直面して、諸井委員長は、専門委員であり、委員会の唯一の法学の専門家（公法学の教授）である成田頼明に対し、機関委任事務を廃止した場合に必要となる法律的処置についての提案を、西尾勝と大森彌という二人の行政学者の助けを借りて、まとめるよう依頼した。

成田頼明は法学者であるだけでなく、内閣法制局で働いた経験もある。したがって彼は、官僚に瑕疵を指摘されることのない法律文書の作成方法を心得ていた。地方六団体および中央省庁からこの提案草稿に対する反応を受け取った後、地方分権推進委員会は中間報告書を作成し、三月二九日に首相に手渡した。しかし、そのときにはすでに首相は村山富市から橋本龍太郎に取って代わられていた。ただし、三党連立の枠組みはまだ存続していた。

地方分権推進委員会の中間報告の重要性は、機関委任事務の原則廃止を明確に勧告していただけでなく、委員会事務局や中央省庁からの介入をまったく受けることなしに、委員会の手によって書かれたことにある。総理大臣に提出されるまでは、内閣官房のチェックさえ受けていなかった。中央省庁は、中間報告書の内容に対しても、作成に至るプロセスに対しても、怒り心頭の反応を示し、このような行動をとり続けるのなら委員会の審議には協力しないと通告してきた。この時点まで、委員会はおおむね自分たちのやり方で任務を遂行してきたが、ここへ来てそうした運営方針を修正し、各省庁とより緊密に連携することを決定した。というのも、公式の報告書の提出期限が年内に迫っていたからである。中間報告書は法的地位を有していないが、地方分権推進法によれば、政府は委員会の公式報告書を「尊重する」ことを法的に義務づけられていた。その結果、勧告内容が実現可能であることは、委員会にとってもよいことだと認識されていた。橋本首相も後に、第一次勧告が「現実的で実行可能」であることを委員会に要請した。じきに保守派政治家や中央官僚の反撃が始まることになる。

機関委任事務の廃止に関する具体的な提言を立案するために、委員会は西尾勝を長とした検討グループを立ち上げた。西尾検討グループは、勧告書を立案し、委員会と部会で討論した後、中央省庁と地方六団体に回覧した。これらの利害関係者たちの反応を踏まえて再検討が行われ、全体的な合意に達するまで同様のプロセスが何度も繰り返された。西尾検討グループには、成田と大森の両名が含まれており、委員会の外部からも公法学者と行政学者を四名追加していた。ほどなく、地方財政に関する別の検討グループも立ち上がった。小部会と検討グループの重要な違いは、メンバーの相違に加えて[16]、検討グループでは草案や他の作業文書の作成にあたり事務局に依存していなかったことである。

検討グループは次第に部会に代わって、委員会の作業の主要な舞台となっていった。委員会勧告に対する中央省庁からの反応には、委員会の合同セッションでも、部会でも、検討グループでも、依然として耳が傾けられていたが、次第に明らかになってきたのは、中央省庁には譲歩の意思などまったくなく、委員会の勧告はふたたび暗礁に乗り上げそうだということだった。この時点で委員会は運用方式にかかわる二番目の、おそらくより重要な大改革を行った。「グループ・ヒアリング」の導入である。

このアプローチの名称は、「ヒアリング」が検討グループで行われたことに由来するが、実際には、西尾検討グループの一部のメンバーと中央省庁の代表者のあいだで行われた一連の非公式の熾烈な密室交渉だった[17]。そのようなことは、これまで試みられたことのない（それ以降も）全く斬新なやり方だった。それは、委員会の地方分権専門家と各省庁の中央官僚トップが直接交渉を行うための、慣行化された非公式かつ秘密の会合であった。そこで交わされた交渉については記録が残されておらず（議事録も録音テープもない）、そのような会合が何回開かれたかを示す信頼できる記録さえ残っていない。ただし、ある自治省職員の証言によれば、このような会合は二三八回開かれている（幸田 2002: 233）。西尾、成田、大森が地方分権推進委員会を代表する中心メンバーであり、中央省庁代表は関連部局の局長とその部下から構成されていた。両サイドは、一つ一つの条項、文言、単語ごとに綿密な交渉を行い、合意に至るまで何度も会って交渉を重ねるのが常だった。委員会は、省庁（および局）ごとにそれぞれ一対一の交渉を順ぐりに重ねていった。その後、同委員会が取り上げる別の検討事項についても、これと同じ「グループ・ヒアリング」の手続きが採用された。

第一次勧告は一九九六年一二月に総理大臣に提出された。いったん勧告が公開されると、自民党は、都道府県知事の力が強くなりすぎることを警戒して、地方分権推進委員会に圧力をかけ、他の問題にも注意を向けさせようとし始めた。たとえば県から市町村への権限委譲、市町村合併（すなわち、受け皿論の復活）、地方の首長の多選に制限をかけること、などである（西尾 1999: 116-117）。その結果、こうした問題を検討するために第三検討グループが設置された。

その後、三回の勧告が発表されたが、いずれも基本的に同じ政策プロセス、すなわち「グループ・ヒアリング」による直接の秘密交渉が用いられた。首相は公式に提出される前に勧告の内容について相談を受け、いったん公開された後は国会が関連委員会に地方分権推進委員会のメンバーを召還して証言させた。委員会の報告書の立法化は、一九九七年一〇月に第四次勧告が提出された後になってはじめて、政府は法制化の準備にとりかかった。この中央官僚との途方もない忍耐を要する長々とした直接交渉と、勧告の共同執筆の結果が、「現実的で実行可能な」四次にわたる勧告であった。立法手続きにはもう少し時間がかかったが、とくに大きな障害に遭遇することもなく、作業は円滑に進められた。内閣は一九九八年五月に地方分権推進計画を、九九年三月に法案を決定した。衆議院は五月一三日に審議を開始し、わずかな修正を加えたのみで六月一一日に法案を可決した。参議院は七月八日に法案を可決した。両院とも、共産党を除くすべての政党が賛成票を投じた。実のところ、地方分権推進委員会は橋本龍太郎首相の要請に応じて、一九九七年一二月から公共事業計画に関連する権限などを含む権限委譲についても検討を行い、もう一本の勧告を提出した。しかしこれは委員会には扱いきれない仕事であることが判明し、一九九八年七月に橋本内閣が倒れ、代わって小渕恵三が首相に就任した後は、「グループ・ヒアリング」の手法さえも機能しなくなった。新首相は前任者に比べ地方分権にあまり関心がなく、行政改革全般に対しても冷淡だったが、そのような姿勢が官僚や彼らと組む政治勢力を増長させ、プロセス全体を妨害した。

全般的に、フランスの場合に比べて総理大臣、閣僚、内閣が果たした役割は目立たず、とくに地方分権推進委員会が設立されてから後はそうだった。国会は事実上なんの役割も果たさなかったように映るかもしれないが、そのような見方は、ふたつの理由から単純化しすぎである。第一に、総理大臣（または閣僚）が直接介入することは稀であったが、改革派の政治指導者がいるのといないのとでは、地方分権推進委員会や地方分権専門家が中央官僚に対して示すことのできる権威に雲泥の差があったことだ。そのことは、前述のような橋本首相の辞任の影響によっても明らかである。第二に、改革派の閣僚たちが委員会の設置に先立って、官僚の抵抗を克服したことにより、目に見える違いを生み出したことだ。彼らが国会でとった行動や発言は、彼らが政府から去った後も長きにわたって地方分権専門家たちを支え続けた。一例を挙げれば、五十嵐広三が発議した国会決議は引き続き改革派に支持と正統性を与え続け、官僚もそれを完全に無視することができなかった（塩野ほか 2000: 64-68）。もう一つの例は、改革派閣僚の国会答弁も、地方分権派が自分たちの主張を大きな舞台で主張するときの根拠を提供したことである。たとえば官僚たちが地方分権推進法案について「廃止」の文言を首尾よく排除したときでさえ、社会党の閣僚たちは機関委任事務の原則廃止の可能性を主張する答弁を意識的にくり返していた（松本ほか 2000: 31）。

つまり、党派的な政界再編は、改革の交渉が行われた背景に影響を及ぼしたのである。交渉の席についた人々の顔ぶれは以前とあまり違わなかったかもしれないが、彼らの相対的な力関係はより大きな政治状況の動きに応じて変化した。実際、他ならぬ西尾勝自身が、地方分権改革はまさに「連立政権の時代の産物だった」と主張しているのだ（2007: 51）。一九九〇年代に政界再編が起こる前は、中央官僚が地方分権の専門家に対して明らかに優位に立っており、専門家の働きかけもあっさり無視することができた。地方制度調査会や行革審でもそうだった。しかし新しい政治リーダーが政権に入ったことで、少なくとも交渉の場は地方分権推進委員会に移行し、この枠組みの中において中央官僚はもはや地方分権アジェンダをあっさりボイコットすることはできなくなった。事実、政治的リーダーシップ（またはその欠如）が、交渉がなされる枠組みを提供し、交渉当事者の相対的な力関係に影響を及ぼしたという主張の正しさは、皮肉なことに、いったん改革派政権が退潮に向かい自民党の一党支配が復活した一九九〇年代後半に、改革に対する官僚の抵抗も勢いを盛り返したという事実によっても、さらに裏づけられるのである（西尾 2007: 51-52）。

実際、政界再編が政策プロセスの全体的な枠組みを形づくった。単に交渉の舞台を一つの場から別の場へ移動させたり、交渉に参加する人々の相対的な力関係を変化させたりしただけでなく、何が交渉の対象となるかについても規定したのである。ここで言及しているのは、「グループ・ヒアリング」が、地方分権専門家たちを中央官僚に対抗させる形で、機関委任事務の取り扱いに関して一つひとつの項目ごとに決定を積み重ねたにもかかわらず、制度の廃止そのものは交渉の対象にはならず、交渉が始まる前にすでに決定されていたという事実である。たとえそれが七人の委員会であって、機関委任事務の廃止を直接決定した改革派閣僚自身ではなかったとしても、改革派閣僚たちはその実現を可能にする政治的な条件を提供したのである。事実、地方分権推進委員会の意図が機関委任事務の廃止にあることを確認する中間報告が執筆される頃までは、改革派閣僚が率いる三党連立内閣が、この動きに対して政治的な支援を与え続けたのである。彼らの全般的な支援のもとに、政治家に欠けている必要な法的知識を持ち合わせた地方分権の専門家たちが重要なステップを踏み出すことができ、官僚はそれを受け入れるしかなかった。官僚にできたのは、決定が下された後の実務に関する交渉だけだった。

「第三」の改革

恐ろしく長い時間をかけて、長々とした改革プロセスの果てにようやく実現した地方分権法は、さまざまな修正を経た四七五本の法律の集大成だった。これらの法律は、宮内庁と科学技術庁を除くすべての国の行政機関の所轄領域の変更に踏み込んでいた。二四の省庁がなにがしかの影響を受けた。地方分権法のボリュームは全部で約四〇〇〇ページ近くに及ぶ（佐々木 2000: 3-5）。したがって純粋に規模の面から、これが大きな改革であることは間違いなかった。内容的な面では、全体としてムラのある印象であるが、それでもなお同法は戦後期において初めて実現した実効性のある地方分権改革であった。[18]

改革の目玉は機関委任事務の廃止であり、実際にこの制度は完全に廃止された。改革の前には「委任された行政事務」の数は五六一件にも上っており（戦後直後の時期の二倍以上）、これらの事務が都道府県の仕事の約八割を占めていた（市町村レベルでは仕事の三～四割）といわれている（久保田 1999: 34）。これほどの規模の行政制度が廃止されたという事実は、もちろん相当な重要性をもっていた。それと並んで重要だったのは、地方自治体に対する国家の包括的な指揮監督権も同時に廃止されたことである。[19] それがめざすのは、国と地方当局のあいだの上下関係から脱却し、それに代えて対等のパートナーによる協力関係を築いていくという、フランスの地方分権改革を支えていた精神と同じ考え方だった。

地方自治法第一条を改正して、国と地方自治体のそれぞれの役割を原則的に明確化する条項が挿入された。この変更は、地方分権改革の他の項目の根底にある思想を表明する役割を果たした点で重要であった（久保田 1999: 23-32）。新たに加えられた第一条の二には、[20]「地方公共団体は、住民の福祉の増進を図ることを基本として、地域における行政を自主的かつ総合的に実施する役割を広く担うものとする」と書かれている。また、国の役割は、原則として次の三点に限定されるとされている。すなわち、①国際社会における国家としての存立にかかわる業務（たとえば外交、防衛、司法など）、②全国的に統一した基準を定めることが望ましい事象（たとえば労働規則や商業規則）、もしくは地方自治の基本とみなされるルール（たとえば地方財政制度など）、③全国的な規模で、もしくは全国的な視点に立って行われるべき施策（たとえば公的年金制度や基幹的社会インフラ）である。それに加えて、国は地方自治体の自主性を尊重し、住民の生活に直結する行政機能については地方自治体に可能な限り委せるべきであることが強調された。この方針は基本的に、地方分権推進法から直接引用されたものだ。

機関委任事務制度の廃止は、一九九〇年代の地方分権改革の急進性のハイライトであった。これまでの改革は、国から地方政府への行政事務の委任を「見直す」、「合理化する」、「軽減する」といった程度の試みにとどまっていた（しかも、それさえほとんど成功しなかった）ことを考えると、制度そのものの全面廃止はたしかに思い切った法改正だった。しかし、この改革の具体的な重要性をよく理解するためには、これまで国から地方自治体に委任されていた行政事務に何が起きたのかを知る必要がある。これらの業務のうちごく少数は完全に廃止され（一一業務）、いくつかのものは国によって引き継がれたが（二〇業務）、大部分は「自治事務」と「法定受託事務」というふたつの新しい行政カテゴリーのいずれかに振り分けられた。法定受託事務とは、本来は国が行うべき事務であるが、法律に基づいて地方自治体に委託されたものと定義された（たとえば、パスポートの発行など）。一方、自治事務は地方自治体が処理する他のすべての業務と定義された。最終的に、二七五の法定受託事務と三九八の自治事務が規定された（久保田 1999: 41）。言い換えれば、国が地方自治体による対応を「義務づける」行政事務のうち、全体の約六割が自治事務であり、残り四割が法定受託事務というふうに仕分けられたのである。当然ながら多くの地方分権派は、機関委任事務の半分強しか、ひも付きでない地方自治体の自主的な事務にならなかったことに失望した。また新たに指定された法定受託事務は、名前が違うだけで機関委任事務に近いのではないかという論争も持ちあがった。

機関委任事務制度の改革は当初に約束されたほどには徹底的なものにならなかったと指摘することはできるが、それでも機関委任事務と法定受託事務のあいだにはいくつかの点で重要な違いがあることを忘れてはならない。一つの重要な違いは、機関委任事務（当初の意図では、地方政府が国の代理機関として委任された業務を果たすものだった）と異なり、法定受託事務は地方自治体自身の行政事務の一種であるとみなされていたことだ。すなわち、地方自治体は法定受託事務をこなすとき、代理機関ではなく地方自治体としての資格において行うのである。その結果、地方議会は法定受託事務に関しても自治事務についてと同様に、法律に抵触しない限りにおいて、独自に条例を定める権利を有することになる。これは機関委任事務ではできないことだった。同様に、地方議会と監査委員のチェック機能は、自治事務と法定受託事務の両方に関して強化されることになった。機関委託事務に関しては、彼らは法的に無力であった。ここでも、たとえ法的に委託された事務を扱うとはいえ、地方自治体はもはや国の代理機関として行動するわけではないので、国による包括的な監督権限は廃止され、より明確にカテゴリー分けされた国家の介入事項に置き換えられた。それにもかかわらず、法定受託事務については、関連する国家介入の形式の中には「助言・勧告」といった穏健なものばかりでなく、「是正の指示」とか「代執行」といったものも含まれていた。

機関委任事務制度の廃止に加えて、さまざまな形式の一般的な国の関与も、次の三つの一般ルールに基づいて次々と見直しの対象となった。第一に、法定主義の原則によって、国は法律や政令（法律に基づく）によって正当化されない限り、地方自治体の業務に関与することができなくなった。この原則は、改革の基底をなす新しい理念、すなわち中央・地方関係を上下関係ではなく対等のパートナーシップとみなす考え方に由来している。第二に、新法においては、一般法主義の原則がはっきり示されており、国家の関与は、さまざまな特別法により特定の関与形式を個別に規定するのではなく、関与の種類や規則を一般法によって規定することを要求していた（この場合は改正地方自治法）。これに関連して、国家の関与は最小限に制限されるべきであり、地方自治体の自主性と独立性は尊重されるべきだということが強調されていた。じっさい、これを機に一一九件にのぼる特定の国の関与が廃止され、さらに三八七件が緩和された（松本 2000: 37）。とはいえ、一般法（地方自治法）が特定の法律よりも優先されるべきだという主張は、法理論の観点から見て維持できるかどうか疑問である（久保田 1999: 59-60）。第三に、一九九三年に制定された行政手続法に基づき、公平性と透明性の原則を遵守するため、国の関与の手続き面に関する新しい規則や制度が設けられることになった。この点に関しては、四つのポイントを挙げて簡潔に掘り下げておきたい。

第一に、新法では、国の関与は原則として、文書形式で行われるものと規定されている。第二に、国は、地方自治体に対する許可を出すなどの権限がある場合には、できるだけ明示的に決定の基準を明らかにすることが求められている。第三に、国は行政手続きに必要とされる標準的な期間を公表することを求められる（たんなる参考にすぎないとしても）。最後に、国地方係争処理委員会が新たに創設され、地方自治体が特定の国の関与に関して不満を持ったときに、訴え出ることができるようになった。国地方係争処理委員会は、法的拘束力はないものの、審議の結果に基づき国に対し「勧告」を発することができる。もしも地方自治体が、係争処理委員会の裁定結果や勧告に対し不服がある場合には、高等裁判所に提起することができる。

この時点で指摘しておきたいのは、政府間の対等なパートナーシップをうたう言葉の類似性や、係争を裁定するための審判機関という表面的には類似した制度がありながら、フランスと日本の制度には重要な違いがあったことだ。フランスでは、国家による事前の行政管理をすべて廃止し、法律による事後的な管理へと移行したが、日本の場合は国の関与がさまざまな形態で維持されていた。こうした条件のもとで、国家による事前的な行政管理に対し地方自治体が異議を申し立てることのできる場が、係争処理委員会であった。

必置規制は、法律を使った国の関与の非常にわかりやすい形式であるが、これもいくぶんは緩和された。関連する三八の法令が修正され、七五件のこうした規制が廃止または緩和されたが[21]、多くは変更されないままだった。さらに、機関委任事務の廃止に関連して、変則的な地方事務官の制度もなにかしらの変更を迫られていた。しかしこの長年の問題の解決策として採用されたのは、実は中央集権化だった。社会保障と雇用関連のサービスはいまや完全に国の事業となり、地方事務官は国家公務員としての身分を確認されることになり、彼らの事務所は都道府県の行政機関からは切り離され、国の地方行政事務として再編された。

地方自治体への実際の権限委譲は結局、きわめて限定的なものにとどまった[22]。全部で三八の法令が修正されたが、地方に委譲された権限の大半は比較的重要でないものばかりだった[23]。このように限定的ではあったものの、新たな権限の委譲により恩恵を受けたのは、都道府県や小規模な市町村よりも、大都市のほうであった。既存の政令指定都市[24]や中核市[25]の制度に加えて、「特例市[26]」という比較的大きな都市の第三のカテゴリーが追加された。

これらの都市は、とくに都市計画や区域指定などの政策分野において権限委譲措置により一定の恩恵を受けることができた。しかしフランスの場合とは違って、地方分権改革全般により最大の恩恵を受けたのが大都市だったわけでもなかった。むしろもっとも恩恵を受けたのは都道府県知事だった（機関委任事務の廃止のおかげだ）。知事の権限が強くなりすぎるのを防ごうとして国会議員たちが介入するのは、だいぶ後になって政策手続きが進むなかでのことである。[27]

新法はまた、都道府県と市町村との関係を上下関係から対等なパートナーシップに基づくものへと変えようとした。都道府県の市町村行政への介入の透明性を高め、政府間の係争の公正な解決を保証するために、並行した規則や機関が設置された。都道府県が特定の条例を可決することにより一部の権限を特定の市町村に委譲することができるようにする追加の措置も講じられた。この新しい制度は、地方自治体がさらに多くの権限を市町村レベルに委譲できるように、彼らにある程度の裁量権と柔軟性を与えることを意図していた。

地方財政基盤を強化するため、国庫補助負担金を包括的交付金へと整理するという以前の抱負にもかかわらず、地方自治体の財政改革は現状維持がめだつ分野の一つであり、実際の成果は当初の意気込みを大きく裏切るものとなった。法案の起草前でさえ、地方分権推進委員会も内閣も、改革の一般原則を確認する以上のことはできなかった。立法化の段階に入ったとき、地方自治体が得たものは、地方債の発行や、中央から地方政府への税収の再分配、および地方税財源に関する若干の発言権と自由裁量権の拡大だけであった。中央省庁（とくに大蔵省）や国政政治家たちからの通常の反対のほかにも、こうなった要因の一つにはタイミングの悪さがあった。急進的な財政の地方分権政策は、長引く経済不況と国家財政の悪化という条件のもとでは、まったく実現の見込みがなかった。そのような補足的条項が影響力を持つ可能性は低いものの、国会審議の過程で法案に附則が追加され、経済状況が改善したあかつきには地方の財政基盤をさらに強化する措置が考慮されるものとされた。

最後に、地方の民主主義と市民の参加についても、事実上何も起こらなかった領域の一つとして言及されるべきである。たとえば、議論は活性化したにもかかわらず、次第に普及する地方の住民投票のための法的基盤の整備については何も行われなかった。地方議会を活性化させるために、議案の提出に必要な議員の数は、総議席数の八分の一から一二分の一へと引き下げられた。また同じ考えから、臨時議会の招集を要求する条件も緩和された。しかし、この方面で採用された措置は、これですべてだった。[28] このことを理由に、一部の批評家は地方分権改革を「官官分権」（官僚から官僚への地方分権）と呼んだ。つまり、改革の影響を受けたのは主に国の官僚と地方の官僚であり、市民や彼らが選んだ政治家たちには目に見える形の恩恵がなかったのである。この文脈では、フランスの改革が、「名士たちの祝宴 le sacre des notables」と呼ばれることもあるのを思いだしてみたい。

日本の地方分権改革はまた、しばしば地方自治制度における「第三」の改革と呼ばれる。「第一」の改革は明治維新による改革で、近代的な地方統治システムが導入された。「第二」の改革は第二次大戦後の占領統治時代に進められた民主化改革である。今回のものを「第三の改革」と名づけるのは、きわめて妥当である。改革の目玉は機関委任事務の廃止であり、それはまさに「第一」の改革で確立した明治国家の中央集権体制のなごりに終止符を打つものだったからだ。それは「第二」の改革で大急ぎで進められた地方行政の民主化のなかで、変則的に取り残されていたものだ。その意味ではずっと前からのやり残しだったのだ。しかし、村山連立内閣が成立してようやく、障害を克服するだけの政治的な意志と力が揃った。政権交代と、それに続く連立政権の政治力学が政治情勢を変化させ、政策プロセスが始動して地方分権改革が戦後の日本ではじめて実を結ぶことを可能にした。

第6章　野党が政権に就いたとき

この最終章では、本書で紹介した事例の実証研究の中から得られた重要な知見を振り返り、さらにふたつの事例研究を追加して地方分権のメカニズムについて考察を深め、最後に本書の分析からより広い政治的な意味合いを引き出してみたい。

構造と行動主体

国際的な比較によって、ここで論じた事例が示すのは、フランスでは日本よりも重大な改革が実施されたことだ。これまでの章から明らかと思われるのは、この違いの原因は、少なくとも部分的には両国の構造的な枠組みの違いにあるだろうということだ。第一に、政治家と官僚の関係について、フランスと日本のあいだの一つの重要な違いは、フランスでは政策補佐官の政治任用の余地が日本よりも大きいことである。フランスにおける大臣官房の制度は、その好例である。ガストン・ドフェールの改革の成功に決定的に重要だったのは、自分の一存で任命や昇進を決められる少数の忠実で献身的なスタッフに頼ることができたことだ。このスタッフのおかげでドフェールは知事団をまるごと迂回することができた。ドフェールのプロジェクトに具体的な形を与えるためには法制面と技術面の専門知識が必要だったが、それを提供していた従来の供給源に代わってこの官房スタッフがそれを提供したのだ。専門知識を提供したドフェールの官房スタッフの役割を日本の改革派政治家にあてはめて探すならば、もっとも近いものは地方分権推進委員会に参加した西尾勝を筆頭とした一握りの学者たちだろう。しかし、彼らを政治任用と呼ぶのは大きな誤解を生むだろう。この学者たちの忠誠心は政治家には向けられておらず、その結果、彼らが大臣から受けることのできる政治的な支援も、ずっと間接的で不確実なものだった。

第二に、中央・地方関係の視点からは、フランスで広く行われていた複数の公職兼務の慣習が、地方分権の法制化を促進したといえよう。なぜなら、かなり多くの閣僚や下院議員や上院議員が個人的には地方分権改革で恩恵を受ける立場にあり、それゆえ推進側にまわっていたからだ。それとは対照的に、日本では、他のほとんどの国と同様に、複数の公職を兼務することは禁止されている。フランスでは制度的な条件によって、地方分権政策の地方の支持者たちが、国政における政策プロセスに直接声を届けることができた。この点では、両国の上院議員選出方法の違いにも注意を払うべきである。日本の参議院議員は、地方自治体を代表するような特別な役割は与えられていないが、フランスの上院議員は、すべてのレベルの地方議会による間接選挙で選出されるため、地元の自治体の利益を守る役割を負っている。

　このようにフランスの分権派は、日本にはない幸運な構造的条件の恩恵を受けていた。フランスの分権派が日本でよりもよい結果を残せた理由の一端はこのことによって説明されるだろう。しかし、こうした国家間の制度的な違いによって説明できるのは、安定的なパターンや傾向だけだ。それらは同一国の内部で経時的に起きた変化についてはほとんど説明とならない。

　実際、フランスでは同じ構造的な要因が、かつて地方分権の試みがしばしば挫折した理由として挙げられていた。たとえば、エズラ・スレイマンは「本当の地方分権の邪魔をする闘いを率いるのは高級官僚団《グラン・コール》だろう」と主張し、「高級官僚団のメンバーが政界に進出するのを促したことによって」、第五共和政は「行政機構を大きく改造する政治的意思を阻害した」と論じている（Suleiman 1981: 75, 78-79）。同様にマーク・ケッセルマン（Mark Kesselman）も、フランスでは「過剰な制度化 overinstitutionalization」が改革を圧殺したと主張している。「市町村長、県会議員、下院議員、上院議員、国の行政官をつなぐ緊密な人脈のネットワークが、新環境への適応や改革の取り組みへの非常に強い抵抗力となっている」と述べている（Kesselman 1970: 31）。劇的な政権交代が起きる前は、地方分権の試みが失敗を繰り返す原因として指摘された制度上の仕組みは、社会党が政権を握ってから効果的に利用したものと同じだったのだ。

ほぼ同様のことが、フランスの「半大統領制」と、より標準的な日本の議院内閣制とのあいだの明白な違いについても言えるだろう。ミッテラン大統領が享受した直接の国民の信任や七年間の任期は、彼が日本のどの首相よりも強力な政治指導者になれた一因と映るかもしれない。しかし、ミッテランの前任者はすべて、地方分権政策においてずっと小さな成功しか収めていない。事実、ミッテランが後に二度にわたり、合計四年の期間に経験したように（そしてシラク大統領も、一期目の七年のうち五年間がそうだったが）、国民議会で多数派の支持を固めることができなければ、いくら大統領が直接の全国選挙で選ばれ任期が固定していたとしても、たいして意味はない。現実には、ジョン・ヒューバーが指摘したように、「フランスの制度条件は議会主義の論理で貫かれている」のであり（Huber 1996: 28）、社会党の成功の理由として半大統領制を重視することは見当違いであろう。

上記のことから、構造と制度のみに基づく説明の限界が明らかになり、変化をもたらす媒体として政党の働きの重要性が注目される。といっても、構造に基づく説明から政治主体のみに基づく説明へと移行すべきだと言っているわけではない。むしろ狙いは、両者を結びつけることによって、地方分権を実現させる主体と構造の相互作用を見分けることだ。民主主義における競争的な政治の制度化は、野党となった政党に厳しい構造的な制約を課すが、在野にあることを彼らが必ずしも純粋に受動的に体験するとは限らない。野党もまた、自分たちを取り巻く構造的な条件を積極的に解明し、それに取り組むのである。そうして、統治者に対峙する被統治者の代表として自らを徹底的に作り直し、政体のさらなる民主化という大義を掲げて権力の座を狙う戦略を立て直すための力に転換しようとする。この意味において本書が主張するのは、地方分権が本質的に野党的な政策であり、政党間競争は民主主義の構成要素の一つであるばかりではなく、民主的な制度自体の進化を先に進めるダイナミックな機能を果たすということだ。

フランスで野党が統治者になったとき、すなわち社会党が政権を取ったとき、彼らは議会の過半数を獲得したことにより、野党時代に積み上げた政治資源を用いて地方分権化を強行することが可能になった。第3章において、社会党の地方分権に関するイデオロギー的な刷新が、政治勢力としての復興と同時に起こったことについて詳しく見てきた。労働者インターナショナルフランス支部（SFIO）時代に、数十年にわたる党勢の低迷により政治勢力として存在意義を失う寸前まで追い詰められていたが、一九六九年の大統領選挙でドフェールが屈辱的な敗北を喫したことで底を打ち、ミッテランの主導のもとで社会党はついに自己刷新に乗り出した。一〇年にわたる取り組みの末に、与党のオルタナティブとして自己再生を果たしたのである。理念的に社会党はジャコバン主義にルーツを持つにもかかわらず、地方分権の大義を新たな社会党プログラムの不可欠な要素として採用した。このプログラムの実際の内容は、社会党が国政選挙の勝利で権力を掌握するまでに一段の変化を遂げたが、地方分権が党の選挙公約の目玉であることに変わりはなかった。

同様に、社会党の組織基盤の再構築は、地道に地方政府の段階から少しずつ積み上げられていた。旧SFIOは地元に強く根を張った政党だったが、社会党は一九七〇年代にコミューンや県、地域圏をあらためて一つずつ軍門に下していき、その積み上げによって大統領の座と議会の過半数をめざせるところまで到達した。その過程で、旧タイプの地元名士から、近代化をめざす地方経済計画主義者、自治・自主管理《オートジェスティオン》論者、ブルターニュなどでは地域圏主義者も含めた広範な連携が成立し、社会党の掲げる政策の支持にまわった。

したがって、政党間競争の力学が社会党を突き動かし、地方分権へのコミットメントを中心に据えた理念的資源と組織的資源の再建に向かわせ、その結果として、社会党は思考を活性化させ、支持基盤を広げることができたと論じることもできるだろう。これと比較すると、過去の改革の試みが失敗に終わったのは、ド・ゴール派もジスカール・デスタン派もそのような資源を持ち合わせておらず、改革に対する内外の抵抗を克服できなかったためだ。

ド・ゴール派は議会の過半数を制してはいたものの、地方分権を実施するために必要な理念的資源も制度的資源も持ち合わせていなかった。ジャン・シャルロ（Jean Charlot）によれば、ド・ゴール派の共通基盤の一つは、ド・ゴール将軍が「フランスという理念」と呼んだ、自国の威厳と「卓越した、類いまれな天命」の信奉である（1967: 273-276）。それゆえイデオロギー的に説明すれば、国家統合への強いこだわりが彼らの主要教義の不可欠な要素であった。ド・ゴール自身でさえ、一九六九年の国民投票で自らの支持者の多くを説得することに失敗し、広域地方行政区画化と上院改革への支持をまとめられなかった。制度的に説明すれば、ド・ゴール主義の政党（当時の正式名称はどうあれ）は、内部の民主主義や多様性を誇れたためしがなく、また地方政府における存在感も、第五共和政の最初の一〇年における国政での突出ぶりに比べて、かなり貧弱なものにとどまった。アンドリュー・ナップ（Andrew Knapp）が指摘しているように、「一九五八年三月の県議会選挙では、総数一五〇〇前後の県議会総議席のうちド・ゴール派はたった六〇議席しかとれなかった。したがって一九五八年以降の状況は、国政で過半数を押さえる政党が、地方政治においては非常にわずかな基盤しか持たないという、前例のないものとなった」（1990: 154）。一九六〇年代から一九七〇年代にかけても、ド・ゴール派にとって状況は好転しなかった。「一九六七年と一九七三年の県議会選挙では、ド・ゴール派は同じ年の国政選挙で獲得した票数の三分の一程度しか取れなかった」（1990: 157）。ド・ゴール派が地方選挙に本格的に食い込み始めたのは、ようやく一九八〇年代になってからのことだった。

一方、ジスカール・デスタンの支持基盤である中道右派は、伝統的に地方への強い浸透力を持ち、それにふさわしく地方分権主義者の考え方にも親和性を持っていた。しかし、ジスカール・デスタンの問題は、彼が在職中に、このふたつの勢力を首尾一貫した組織的資源としてまとめようとして、どちらも失敗したことだった。最初はギシャール委員会の任命によって、後にはオベール委員会の業績を踏まえたボネ・プロジェクトによって、ジスカール・デスタンは地方分権に向けた地方名士たちのばらばらな希望を一つの政策プログラムに変えようとしたが、失敗した。同時に、彼は議会における支持基盤を固めようとさまざまな中道派や非ド・ゴール派右派の政党や団体（多くの地方名士を含む）を新ＵＤＦ（フランス民主連合）の旗印のもとに結集させようとしたが、それは結局ゆるやかな政党の連合を超えるものにはならなかった。したがってジスカール・デスタンも、社会党がミッテラン大統領とその閣僚に提供したような政治資源を欠いていた。

イヴ・メニーが指摘するように、たしかに最終的には事実上すべての政党が地方分権の理念を支持するようになった（Mény 1978）。またドフェールの提案は、複数政党の総意で支持されやすい「最小限の共通プログラム」であったという主張も一般的だ。そうした見解には一面の真実があるが、それではなぜ先行した（より弱腰な）試みが失敗したのか、なぜ社会党がこれらの改革を法制化することになったのかを説明できず、物足りない。明らかに、野党であることと地方分権推進のダイナミックなメカニズムがここで作用していた。

フランス社会党が劇的な政権交代を経て組閣したのに比較して、日本の社会党はかつての宿敵と手を結ぶ連立政権によってようやく権力の座に就いたのであり、地方選挙で拡大した勢力を国政レベルの議席増へとつなげることにはずっと以前に失敗していた。それゆえ、日本の社会党が改革に使える資源は、それに応じてずっと限定的だった。思想面では第3章で見たように、また「混声合唱」（西尾 1999: 2-9）という文句が示唆するように、改革派が共有する一貫した地方分権プログラムなどというものは最初から存在しなかった。日本の改革派は単一政党に所属してさえいなかったのだから、当然だろう。フランス社会党が享受したような議会や地方の支持が、日本の地方分権論者には欠けていた。第5章で日本の改革派の手足を縛ったいくつかの関連する特徴について述べた。内閣の不安定さは深刻な問題でありつづけたが、一九九〇年代の流動的な政治情勢のなかで政党の団結と忠誠心が希薄になったことが、状況をさらに悪化させた。おまけに、長年官僚まかせにしてきたことがたたって、どの政党も国家官僚制を迂回するだけの立法能力を有していなかった。

明確な政権交代の結果として生じたフランスの改革と比較すれば不利な条件だったにもかかわらず、一九九〇年代の日本の改革派政権が先行改革よりもうまくやってのけた事実を見失ってはいけない。連立政権とはいえ分権派が政権に就いたことは、中央・地方関係の政策プロセスに大きな影響を与えた。機関委任事務の廃止はまったく譲歩なしに通ったわけではないにせよ、従来のどの政府も成し遂げなかった快挙であった。連立を組んだ政党の地方分権派の政治家たちは、保守派や官僚からの強い抵抗に遭いながらも改革を推し進めるうえで重要な役割を果たした。連立時代の幕開けとなった一九九三年総選挙の自民党の歴史的敗北は、政策プロセスに重要な影響を与え、結果にも大きく影響した。

ここでもまた政党間競争の力学が働いて、地方分権の政治課題の進展に弾みをつけた。連立政治は、数人の主要な地方分権派の在野政治家を重要閣僚の地位に引き上げる効果を持った。その代表的な例が、日本社会党から初めて政権に入った村山富市、五十嵐広三、山口鶴男である。なかでも重要なのは五十嵐広三で、もともとは旭川市の革新市長として政治の世界に入った人物だった。一九九三年に自民党が大敗する以前から、彼は地方分権政策を推進しており、社会党のシャドウ・キャビネットの自治大臣として社会党の地方分権政策を一つにまとめあげ（機関委任事務の廃止や地方分権推進法の制定、地方分権推進委員会の設置などの提案が盛り込まれていた）、また国会で地方分権決議を満場一致で通過させた立役者だった。内閣官房長官の重要ポストに就くと、五十嵐は他の社会党の閣僚たちと連携し、閣議決定や国会答弁を通じて改革への障害を克服した。連立政治はまた、武村正義や野中広務のような、かつて自民党に所属していた、あるいは現在も所属している地方分権派を政策プロセスの中心に据えることになった。

さらに重要なのは、こうした分権派の政治家が果たした役割を、一九九〇年代の政党間競争という大きな視野のなかで理解する必要だ。社会党の閣僚たちが決然として地方分権政策を進めたのは、個人的な主義主張の問題だけでなく、宿敵だった自民党と連立を組むという党の方針を正統化するためでもあった。地方分権ならびに近隣アジア諸国との戦後処理の二点は、社会党が長年掲げてきた原則や政策をすべて売り渡したわけではないことを、ぜひとも証明しなければならない分野だった。したがって、連立政治は不安定な要素を追加したとはいえ、地方分権化の進展にはきわめて有用だった。自民党は単独過半数を奪われている限りは、連立政権内部と野党側の両方から突きつけられる改革推進の圧力に敏感であった。権力の座にとどまるために連立パートナーに依存している限りは、いい気になって昔のやり方に戻ることは許されなかった。それゆえ、フランスで見られるような明確で長続きする政権交代には及ばなかったものの、日本における一党支配から連立政治への一九九三年以降の政党政治の変容は、自民党に中央集権主義の官僚との緊密な関係の修正を迫り、その結果として戦後民主主義において最初の地方分権改革を実現させることになった。

野党、政権交代、地方分権——追加の事例

このフランスと日本の比較研究の主要な目標は、構造を重視する視点と主体に着目する説明を組み合わせ、野党であることと地方分権推進のダイナミックなメカニズムを指摘することだった。ここでメカニズムという言葉を選んだのは、本書で取り上げた社会科学的な調査の有効範囲（および限界）を明確に示すことも狙っている。ヤン・エルスターやポール・ピアソンの主張を手がかりにして（Elster 1989b: viii; 1989a: 3-10, Pierson 2004: 6-7）、野党であることと地方分権推進のメカニズムを「信ぴょう性が高く、頻繁に観察される物事の起き方“plausible, frequently observed ways in which things happen”」として見つけ出そうとしてきた。法則と違ってメカニズムについては普遍性を主張することはできないが、「pがqをもたらすというメカニズムが見出されたときには、人間の知識が一歩前進したといえる。なぜなら、ものごとが起きる方法のレパートリーに新たに一項目が加わったからだ」と、エルスターは指摘した（Elster 1989a: 10）。以下では、類似する議院内閣制の単一国家における地方分権化の事例をふたつ追加して、そこに見出される野党が政権に就いた時に地方分権が推進されるというダイナミクスが「信ぴょう性が高く、頻繁に観察される物事の起き方」として確認

できるという本書の主張を裏づけたい。

英国――政権交代がもたらした地方への権限委譲

英国（連合王国と言われるように、イングランド、スコットランドなどの連合国家である）における地域《リージョン》への権限委譲（devolution）論争は一九世紀後半にさかのぼる。当時の中心的な問題は、アイルランドの自治だった。戦後一九六〇年代から七〇年代にかけて、急進的な地方分権化を求める圧力が表面化した。スコットランドとウェールズでナショナリストたちが声高に異議を唱え始めたからだ。[1] スコットランド国民党（SNP）が、一九六七年の補欠選挙に勝利を収めて労働党の牙城に最初の穴をうがち、一九六八年の市町村選挙では、さらに大きな成功を収めた。一九七四年二月の総選挙で、スコットランド国民党は六議席増やして（保守党から四議席、労働党から二議席）計七議席となり、七四年一〇月の総選挙ではさらに四議席増やして（すべて保守党から奪取）合計一一議席となった。これにより、スコットランド国民党はスコットランドで二番目に大きな政党となり、得票率では保守党を上回った。スコットランドにおける労働党の覇権を深刻に揺るがし、連合王国全体で勝利する可能性もまた脅かした（Bogdanor 1999: 121-122）。ウェールズのナショナリスト政党プライド・カムリ（ウェールズ独立党）は、スコットランド国民党の躍進に比べればかなり見劣りしたものの、一九七四年の二回の総選挙で二議席を獲得した。両者をあわせた「スコットランドとウェールズにおけるナショナリズムの台頭」により、保守党と労働党は対応を余儀なくされた（Bogdanor 1999: 156-157）。

エドワード・ヒース党首のもと、保守党は一九七〇年の総選挙で一時的に権限委譲に取り組む姿勢を見せたが、権力の座に就くやいなや問題を放り出した。同様に、一九七四年から七九年の労働党内閣も、権限委譲を実現しなかった。ジョナサン・ブラッドベリー（Jonathan Bradbury）によると、「労働党指導部は、実際は、中央集権的な権力のもとに実現されることを想定した社会民主主義的政策に執着しつづけていた」（1997: 15）。一九七四年二月の選挙では、労働党はスコットランドでもウェールズでも権限委譲を支持せず、一九七四年一〇月の選挙では権限委譲に賛成したが、それは純粋にナショナリストの脅威を追い払うための策略だった。二度目の選挙をやっても僅差の過半数だったので、労働党内閣は、たとえ真剣に傾倒しているわけではなくとも、権限委譲の問題を無視するわけにはいかなかった。労働党は一九七七年に少数派に転落し、権力の座にとどまるためには権限委譲賛成の自由党と協定を結び、地域ナショナリスト政党の支持に依存せざるをえなかった。スコットランドとウェールズに権限を委譲する労働党の中途半端な取り組みがたどりついたのは、一九七九年の住民投票の失敗だった。一九七八年から七九年にかけての「不満の冬」（公共団体の労働組合が昇給幅の拡大を求め、英国各地でストライキを起こした冬のこと。キャラハン労働党内閣がインフレ抑制を理由に継続的な給与上限を設定したことによって発生した）ですでに痛手を負っていた労働党内閣に、住民投票の敗北が最後の一撃を加えた。保守党が不信任動議を提出すると、自由党もスコットランド国民党もそれに乗り、不信任が可決した。続く総選挙の結果、マーガレット・サッチャー率いる頑固なユニオニスト（連合王国堅持を主張する中央集権派）の保守党政権が成立した。サッチャーの政策課題には権限委譲など入り込む余地がなかった（Bogdanor 1999: 179-191）。

それどころか、サッチャー首相のもとでは中央集権化が容赦なく進行した。マーティン・ラフリン（Martin Loughlin）によれば、「中央と地方政府の関係の伝統的な枠組みは崩壊したも同然だった」（2000: 146）。一九七九年以降の保守党政府が進めた急進的な政策がきっかけで、政治問題化され、中央集権的な法定主義化が進められたからである。サッチャー首相の中央集権的手法の野蛮さを示す有名な事例は、一九八六年の（労働党が支配する）大ロンドン市議会と六つの都市カウンティ議会（Metropolitan County Council）の一方的な廃止であった。「労働党の力と抵抗」に対する見え透いた攻撃だとして、保守党の前党首エドワード・ヒースでさえ声高に抗議したほどだった（Byrne 2000: 52-53）。中央・地方関係が次第に政治問題化され、中央集権的な形で法的に再整理されたのは、戦闘的な都市型左翼がサッチャー首相に対抗した執拗な闘いの帰結であった。「一九八〇年代に多くの市議会で新しい都市型左派が権力を握ったのは、部分的には、国政レベルにおいて急速な右傾化が起きたことへの反動である。左派の多くが、地方政府には、新しい形の地域社会主義を発展させる魅力的な可能性があると感じたのだ」（Burns et al. 1994: 18）。結局のところ、地方政府の改革に対するサッチャー首相の積極的なイニシアティブはしっぺ返しを食らい、一九九〇年の悪名高い「人頭税《コミュニティ・チャージ》」の導入を契機に英国全土に広がった大規模な抗議と暴動のなかで、彼女は退陣を余儀なくされた。

人頭税が引き起こした怨嗟がとくに強かったのはスコットランドである。ここでは、この新税が最初に導入されたため、未払い率が全国一だった。皮肉なことに、むき出しのユニオニズムを振りかざす保守党政府の強権的なやり方は逆効果をもたらし、スコットランドやウェールズでは権限委譲や労働党への支持を強める結果になり、労働党の側では権限委譲へのコミットメントを強めることになった。一九七九年、八三年、八七年、九二年に行われた総選挙では、イングランドでは毎回、保守党が優勢だったのに対し、スコットランドとウェールズでは一貫して労働党への忠誠が揺るがなかった。バーノン・ボグダノー（Vernon Bogdanor）によれば、「一九八七年以降、政権を支持する議員の比率はスコットランドでは七分の一以下、ウェールズでは四分の一以下となっていた。保守党は全体の議席数で圧倒的多数を獲得したが、スコットランドの得票率は四分の一以下、ウェールズでは一〇分の三以下だった」（1999: 194）。スコットランドとウェールズでは、自分たちが一度も支持していない冷酷な中央政府から身を守るための唯一の手段として、権限委譲への支持が増大していった。

その一方で、一九七九年には生半可《なまはんか》だった労働党の権限委譲の信念は、長引く野党時代のあいだに強化され、本物になった。一つには、労働党にとって中央集権体制の維持が自党に有利かどうか、野党時代が長びくにつれて疑問になってきたからだ。なにしろスコットランドとウェールズでは選挙結果がはるかに良かったのだから（Bradbury & Mawson 1997b:

296)。また労働党は、スコットランドにおけるスコットランド国民党の躍進という脅威にも対処の必要があった。スコットランド国民党は一九九二年の選挙で二一・四％の票を獲得し、一九九四年のスコットランド地方議会選挙では労働党に次ぐ二番目の勢力となっていた（Brand & Mitchell 1997: 43)。しかし決定的だったのは、長く在野で過ごすうちに党イデオロギーの刷新が行われたことだった。それは「新労働党《ニュー・レイバー》」という言葉に象徴される。それにより権限委譲への関心が再び活性化した。ニュー・レイバーは、経済運営と社会改良のための手段として国家の介入を重視する伝統的な愛着を捨て去ることで、権限委譲に対するイデオロギー的な壁を克服した（Bradbury & Mawson 1997b: 297)。そればかりでなく、ニュー・レイバーは、権限委譲を全面的に採用することによって自党の国家－集団主義の過去に対しても、競争相手の市場－個人主義の教義に対しても、自らを差別化する新たな理念的武器を手に入れ、共同体主義《コミュニタリアニズム》の政党として新たなアイデンティティを築こうとした。

党指導部は、現代社会や経済の問題の多くは、もっぱら市場経済のなかで分断された個人にではなく、強固な共同体のなかで他者と協働し共通の利益を追求する市民に対して権限を委譲することによって、対処できると主張し始めた。この点から、権限委譲と地方改革の提唱はニュー・レイバーの政治的ビジョンの中心的な要素であった（Bradbury & Mawson 1997b: 297-298)。

一九八七年の総選挙の結果、保守党はスコットランドで信任が得られなかったにもかかわらず、政権を維持することになった。人頭税をめぐるサッチャー政権の瓦解が進行するなかで、一九八九年にスコットランド憲法制定会議が設けられ、労働党と自由民主党の議員たちに加え、労働組合や地方政府、諸教会の代表が参加して、権限委譲への幅広い支持を具体的な法制の提案に転換するための議論を開始した（Bogdanor 1999: 196-197）。保守党は参加を拒否し、SNPは最初の会合に出席したものの後に脱退した。たとえ労働党が当時はまだ内部的な意見対立を抱えていたとしても、最終的にこの会議が、労働党内部ならびにスコットランド社会の広範な階層にまたがる強力なコンセンサスを形成する場となった。重要なのは、この会議が、スコットランド議会に比例代表選挙制を導入することと歳入拡大権限の幅について、労働党と自由民主党が主要合意を形成する機会を提供したことである。結局この会議の存続期間中にまとめられた報告書が、一九九八年のスコットランド法の基礎となった（Leicester 1999: 254-255）。

労働党は一九九二年の総選挙を制することはできなかったが、党首が代わっても権限委譲への献身は変わらず、スコットランド憲法制定会議は勢いを保ち続けた。トニー・ブレアが党首に就任し、一九九七年の選挙で一八年ぶりに政権を奪還したときには、すでに権限委譲の政策は十分に練り上げられており、政権奪取後に分裂を招くような議論の余地は残っていなかった。スコットランドとウェールズへの権限委譲の立法化は新政府の最初の年に着手されたが、住民投票で事前の承認を得なければならなかった。おまけに、スコットランドの住民投票では、所得税の基本税率を変える権限を委譲すべきかどうかについてのの、もう一つの質問もしなければならなかった（256-257）。また、「その頃までには、権限委譲は憲法改正の重要プログラムの一要素にすぎなくなっていたことで、たとえばイングランドにおける地方議会の段階的な創設などの要素も」自由民主党との政党間合意の結果として加わっていたことも見過ごせない（256）。

労働党と自由民主党は、一九九六年に憲法体制改革に関する共同諮問委員会を通じて共同作業を進め、一九九七年三月に答申内容に合意した。労働党が政権に就く二カ月前のことだった。この答申のなかで、両党は共同で、「民主主義を回復し、権力を国民に近づけるために」政権の交代と憲法体制の改革が必要であると宣言した（Blackburn & Plant 1999: 470）。地方分権の問題については、イングランドにおける「段階的な」地域への権限委譲と、ロンドンをはじめとする行政当局の公選制を確立すること（すべて事前に住民投票による承認が必要）が、スコットランドとウェールズへの権限委譲と並んで提唱された（472-476）。トニー・ブレアは「民主主義の回復」を掲げて広範な改革アジェンダを公約した。そこでは権限委譲の提案と並んで、情報公開法の制定、欧州人権条約の受け入れ、上院議会（貴族院）の改革、選挙制度改革の可能性などが提唱されていた（Blair 1996: 55-58 などを参照）。

第二次世界大戦後で最大の地滑り的勝利によって、労働党は一九九七年五月、ついに政権を奪取した。これと対照的に、保守党はスコットランドでもウェールズでも一議席も獲得できなかった。選挙での圧勝にもかかわらず、労働党は自由民主党との政策提携を維持し、合同諮問委員会はそのまま首相官邸に移った（Blackburn & Plant 1999: 4）。七月末には、ウェールズとスコットランドへの権限委譲に関する白書が公表され、（スコットランドとウェールズの）住民投票法が成立し、九月に投票日が設定された。労働党政権発足から僅か四カ月後、スコットランドは住民投票により権限委譲に十分な多数で賛成し、スコットランド議会と租税率変更権限の両方を承認した。一週間後、ウェールズでも住民投票が行われ、独自の議会を持つことを「賛成」多数で承認したが、その差はわずかだった（投票数の五〇・三％）。いずれにせよ、住民投票のハードルは乗り越えられ、それさえ突破すれば後は大きな問題ではなかった。一九九八年七月にウェールズ政府法が正式に制定され、同年一一月にスコットランド法が成立した。第一回スコットランド議会選挙が一九九九年五月に実施され、労働党は最大多数の議席を得たもの単独過半数には及ばず、最初のスコットランド政府は自由民主党との連立内閣となった[2]。ウェールズ議会の第一回選挙も同じ一九九九年五月に行われた。

スコットランドの初代首相となったドナルド・デュアーは、一貫してスコットランド労働党のリーダーであると同時に英国政府においても信頼の厚い英国議会の議員であり、権限委譲は比較的スムーズに実施されたといえる。それとは対照的にウェールズへの権限委譲の実際のプロセスは難航し、新政権が野党時代に獲得した地方分権主義の理念に忠実であることの難しさを露呈した。ブレア首相は、新たなウェールズ議会に委譲することになる権限についてコントロールを維持しようと必死になり、地元ではもっとも人望があるが行動の読めない、どちらかというと「旧労働党」気質のロードリー・モーガンをさしおいて、英国政府のウェールズ担当大臣アラン・マイケルをウェールズ労働党のトップに据えて、ウェールズ首席大臣に仕立て上げようとした。マイケルはたしかに初代の首席大臣になったが、一年足らずで辞職に追い込まれ、結局はモーガンに地位を譲ることになった。モーガンのもとで、ウェールズ労働党は自由民主党と連立政権を樹立した。[3]

しかし、ブレア首相が面目を失ったのは、これだけではなかった。ブレアの政府は、選挙前の公約に従って一九九九年一一月の「大ロンドン市法 Greater London Authority Act」を制定し、[4]ロンドン市長とロンドン議会の創設を進めたが、実際に改革が実施される段階に来てブレアはそのまま進めることを渋るようになった。ブレア首相は、人気があるが扱いにくい元大ロンドン市議会議長のケン・リヴィングストンが労働党の市長候補として指名されるのを阻止しようと企て、そのために一連のルール変更を行うという非常にマキアヴェリ的な行動を取って、ようやく目的を達成した。「首都に独立した政治主体をつくりだし、ロンドン市に自らのスポークスマンを独自に選出させるシステムを作っておきながら、自分の意中の操り人形をそこに据えようとするのはシニシズムの極みだ」という指摘もあった。[5]結局リヴィングストンは二〇〇〇年五月に無所属候補として出馬し、初代ロンドン市長の座を余裕で勝ち取った。[6]ロンドンを除けば、イングランドで地域への権限委譲は起きなかった。ロンドン議会はずっとイングランドで唯一の直接選挙による地域レベルの議会であり続け、二〇〇四年一一月になってようやく第二回目の公選制の地域議会の設立をめぐる住民投票が行われた。このときはノースイースト地域だったが、投票結果は文句のない否決であり、これによってイングランドにおける地方分権アジェンダはまるごと葬り去られた。

イタリア――連立政治による広域地方行政区画化

戦後のイタリアが最終的に広域地方行政区画化を実現させるまでの紆余曲折の道のりは、日本の場合と同じように、地方分権を最終的に実現させたのは野党が連立によって政権に就いたときだったという事例の一つである。[7]

一九四八年に発効した新しい戦後憲法では、第五章（Title V）で地域圏《レジョーネ》、県《プロヴィンチャ》、コムーネ（市町村にあたる基礎自治体）が規定されていた。この規定は、憲法制定議会で成立した、脆弱で結局は短命だった主要政党――キリスト教民主党（DC）、イタリア共産党（PCI）、イタリア社会党（PSI）――のあいだの合意を反映していた。

新憲法の起草をめぐる議論の中に、キリスト教民主党は地域圏制度を「保障とする動機 motivazione garantista」から支持した。君主制とファシズムの時代に野に下っていたため、キリスト教民主党は旧政権の中央集権化で苦労し、その結果、地域圏などの強力な地方政府を、国家権力に対する防波堤とみなすようになっていた（Gourevitch 1978: 34）。一九四四年九月一一日に国会に提出された動議には、こう述べられていた。

我々は、ファシスト国家でピークに達した自由への攻撃の主な原因が、官僚機構の国家への集中と地方自治の廃止にあったことを指摘したが……自由主義や民主主義のすべての政党は今日、国家と基礎自治体の間に位置する中間レベルの政府として地域圏の創設を承認している。彼らもその一端を担い、高水準の自治を与えられており、憲法によって保障された自治的な地域圏を創出しようという我々の決意を肯定している。[8]

キリスト教民主党は、国家に対する自分たちの伝統的な疑念をやわらげる「原型的なカトリックの補完性原理」――決定や自治などをできる限り小さい単位で行い、できないことのみを、より大きな単位の団体で補完していくという概念――の一形態として、地方分権を支持していた（Hine 1996: 111）。キリスト教民主党は、戦後、共産党や社会党のようなマルクス主義の政党が中央政府を支配するだろうと確信していたため、憲法制定議会の議論において地域圏に経済政策や社会政策を決定する権限を委譲することを強く主張した（Leonardi et al. 1981: 99）。

一方で、伝統的な中央集権主義の教義に忠実なマルクス主義政党は、中央集権化された指導部が組織する数十年にわたる秘密活動をやめたばかりで、自分たちの野心的な政策目標に合致する強力な国家権限の確立に懸命だった。そのため彼らは当初、地方分権に反対していた。しかし、冷戦体制の始まりとともに、キリスト教民主党が率いる連立政府から共産党と社会党が一九四七年五月に追放された。そしてそのことによって今度は、マルクス主義政党の一部が完全に立場を反転させることになった。いまや中央政府の権力の分け前にあずかる可能性は急速に消滅しているため、彼らは強力な国家権力がキリスト教民主党だけの手に握られることに不安を抱くようになった。憲法の条文が最終的に確定した時点で、共産党は潜在的な「自由と民主主義の砦」[9]を地域圏に見出した。社会党が「赤い島々（isole rosse）、すなわち敵対的なブルジョワ国家と社会のただ中における社会主義の牙城」を確保する必要性について語っていたものである（Gourevitch 1978: 35）。一九四八年二月にプラハが共産主義国家の手に落ちたというニュースの後、今度はキリスト教民主党が地方分権に反対の立場に転換した。しかし両サイドがそれぞれに立場を一八〇度変えた決定的な数カ月のあいだに、直接公選される地方政府について規定した第五章を含む新憲法が、キリスト教民主党、共産党、社会党の共同の支持のもとに採択された。

地域圏に関する憲法規定は、遅滞なく迅速に実施されるはずだったが、現実はそうはいかなかった。地方政府の制度は、「赤い地帯」と呼ばれる地域圏においては共産主義者や社会主義者に大きな政治権力を引き渡すことになることが確実だったため、キリスト教民主党は憲法条項の実現を拒否したのである。[10] そのため一〇年にわたって中央集権主義者による放置と停滞が続いた。実際、この時期に行われた唯一の地域改革は一九五三年の法律で、その内容は、設立されてもいない地域圏の自主的な裁量の余地を減らそうとするものだった。その間に、フランスと日本両国の社会党がそれぞれ成し遂げたイデオロギー的な刷新と呼吸をあわせるように、イタリアの共産党と社会党も野党時代がつづくなかで地方分権の大義への思想転換を完了した。これは本当に皮肉なことだった。ピーター・ゴルヴィッチ（Peter Gourevitch）が指摘したように、共産党が新憲法第五章のもっとも熱心な提唱者になったことによって、それを警戒したキリスト教民主党が牛耳る中央政府が全力を挙げて阻止に回る事態を招き寄せてしまったことになったからだ（1978: 37）。

広域地方行政区画化をめぐる長年の政策的な凍結状態は、一九六〇年代になってようやく終わりに向かった。戦後期の急速な社会経済的変化により、キリスト教民主党は「左へのオープニング l'apertura a sinistra」を探らざるをえなくなり、連立与党に社会党を迎え入れることにより、左派が統一戦線を組んで対抗してくる可能性を牽制しようとした。社会党は、地域圏の創出を、キリスト教民主党との中道左派連合内閣への参加の条件として掲げた（Spotts and Wieser 1986: 225）。キリスト教民主党の右派を含めた議会の右派勢力は反対のままだったが、社会党は一九六三年に正式に連立与党に入り、キリスト教民主党の進歩派と力を合わせて地方選挙法の制定を促進した。野党陣営では、共産党が一九六六年一二月に政府提出の法案への支持を表明し、改革への圧力をさらに積み上げた（Leonardi et al. 1981: 102）。一九六八年の国会議員選挙が迫ってくると、連立与党は中道左派連合の試みの何らかの成果を選挙民に示したいと切望するようになり、ついに六七年に法案の提出に踏み切った。それに続く議会審議で、キリスト教民主党議員も含めた右派議員たちは引き続き反対を貫いたが、もっとも声高な賛成意見が共産党から寄せられた。「議会討論の観察者たちが奇妙に感じたのは、提出された法案の正式な責任者たち、すなわち多数を形成するキリスト教民主党議員たちがだまって座り込んでいるのに対し、政府の外にいる議員たちがふたつに分かれて議論していることだった」（Gourevitch 1978: 47）。最終的に、この法案は一九六八年二月に成立した。しかし、キリスト教民主党の議員には党の方針に逆らう者が続出したため、上院の可決まで漕ぎつけることができたのはひとえに共産党票のおかげであった

(Gourevitch 1978: 48)。

しかし、これで終わりではなかった。財源や公務員の移管に関する追加の措置が必要であったが、この問題が協議されているうちに中道左派連立政府には緊張が高まっていった。反動的な右傾化の政治的圧力が一九六九年の「熱い秋」(労働争議の多発)の後に高まったからだ。追加措置の立法化はかなり薄められた形となり(おまけに共産党の支持が今回はなかった)、一九七〇年に第一回の地方選挙が実施されたものの、社会党は一九七一年末に連立政府から離脱し、残ったキリスト教民主党だけで地域圏への権限委譲を完了させる重要な政令を策定することになった。一九七二年に成立した政令の結果は、とうてい満足のいくものではなかった。「一九七二年の政令は本質的に地域圏を骨抜きにし、県の拡大版《スーパー・プロヴィンチャ》の枠組みに落とし込んで、中央政府が決定した政策を実行するだけの従属的な管理機関に貶めるものだった」(Leonardi et al. 1981: 103)。以上見てきたように、地域圏への広域地方行政区画化に向けた動きは左派野党が連立政治のダイナミクスのなかで発言権を取り戻したことで復活し、ついに戦後憲法第五章を実現するところまでたどり着いたが(二〇年以上も先延ばしされた挙げ句、最小限を満たすものでしかなかったにせよ)、その後は中道左派連立の実験が頓挫した結果、先細りになっていった。

イタリアの政治の右傾化は、かなり短命であることが判明した。キリスト教民主党は社会党が不在のなかで中道連立政権の枠組みを復活させたが、リベラル派の議会勢力だけでは社会党に置き換わるだけの力がなかった。したがって、「左へのオープニング」の中断は一時的なものに終わり、左派野党が再び多数派与党に加わると、広域地方行政区画化は再び前進し始めた。この問題に関するそれぞれの党の立場は変わっていなかった。内部が対立していたキリスト教民主党は相変わらず動きが鈍く、その一方で社会党と共産党には新たに設立された地域圏も加わって、力を合わせて攻勢に出て、いっそうの地方分権を推進した（Leonardi et al. 1981: 104-105）。中道左派政権の枠組みには戻ったものの、社会党は兄貴分の連立パートナーの動きの悪さにうんざりしたため、共産党との左派連合（l'alternativa di sinistra）の可能性をちらつかせてパートナーのキリスト教民主党を脅した。共産党の側は、一九七三年に「歴史的妥協」という新たな戦略を打ち出し、政策に影響を与えることや、最終的には政権入りも狙って、議会で融和的な位置を取るようになった。

この政治情勢のなかで行われた一九七五年六月の地方選挙は、左翼に明白な勝利をもたらし、広域地方行政区画化の実現を決定的に後押しすることになった。とくに、共産党は大躍進をとげ、イタリアのすべての主要都市と七つの地域圏において最大政党に躍り出た（Gourevitch 1978: 52）。共産党の「歴史的妥協」戦略が成功した直接の結果として、議会は広域地方行政区画化をめぐる新法を採択し、一九七二年の政令によって阻止された権限の委譲を完了させた（Leonardi et al. 1981: 105–106）。

新法実施のための政令が議論される中、一九七六年六月に行われた国政選挙でイタリア共産党はさらに大きな勝利をものにし、キリスト教民主党は共産党への依存を強めた。「挙国一致」連立のもとで、共産党は下院の議長と常設委員会の委員長ポストを獲得し、連立与党と交渉し、政策協定を結んだうえで政府に支持を与えた。最初は好意的な棄権による協力を行い、一九七八年以降は議会の多数派に加わったが、閣僚ポストまでは求めなかった。共産党はついに野党の立場を捨てて連立与党に加わったわけだが、そのことはすぐに広域地方行政区画化の問題に影響を与えた。「イタリア共産党は、社会党とキリスト教民主党の協力のもと、地方分権をさらに推し進めるよう強く求めた。六一六の政令は、キリスト教民主党のジュリオ・アンドレオッティ首相が共産党の支持をつなぎとめるための譲歩であった」とパットナムは書いている（Putnam 1993: 23）。三〇年ほど遅延を経て、一九七八年一月に発効したいわゆる「六一六法令」は、戦後憲法が約束した地方への権限委譲を完成させた。すなわち、農業、医療、社会サービス、地域計画などのような重要政策分野において、包括的な立法権限を地方に移行させたのである（Putnam 1993: 22）。

地方分権のメカニズム

以上のような英国やイタリアを例に取った補足的なケーススタディは、野党がイデオロギー的な刷新を遂げる過程で地方分権を信奉するようになり、ついに政権を握ったあかつきには地方分権政策を実施するというメカニズムにさらなる実例を示すものである。これらを、より詳細なフランスと日本の実例研究と合わせることにより、野党と地方分権のメカニズムの説明をより一般化された形に高めることができるだろう。実際、野党による政権獲得のふたつの形態、すなわち、明快な政権交代という形と既存の政権与党との連立という形を対照させることにより、ふたつの異なるメカニズムを抽出することができる。

表6−1は、野党が政権を担うときに地方分権が起こるメカニズムで重要な契機をまとめたものである。フランス、英国、日本、イタリアなどの国々では、伝統的に地方分権を敵視する傾向が強かった左派政党が、長期にわたる野党時代を経たことで、イデオロギー的な変容と再生のプロセスを完遂する条件が与えられた。地方分権主義の採用が、在野にあることから自動的に起きるわけではないが、在野の政党が政治的な地方分権への親和性をはぐくむというのは、本書の四カ国の事例研究からは、「信ぴょう性が高く、頻繁に観察される“plausible and frequently observed”」ことのようにうかがわれる。政権与党には、地方分権を推進しなければならない理由が、政権維持が安泰である限りは存在しない。中央政府から地方への権限委譲の提唱は、野党が民主的に選ばれた被統治者の代表であることを自ら示す機会を与えてくれる。それにより、現在と将来の支持者を引きつけ、政権交代をもたらすための政治勢力を結集しようとするのだ。

野党はまた、政策アイデアのレパートリーや政策綱領を加えたり刷新したりするに際しての自由度が、与党に比べて大きい傾向がある。与党は政権にある間に実施する政策について説明責任を負っているからだ。競い合う政党間の政治力学のなかでは、より広い選択肢の中から勝てる理念を探りうるのが野党の持つ主要な優位点であり、それに対し与党は政府機関を利用できる点が有利となっている、といえるかもしれない。しかし野党とて、

表 6-1　地方分権のメカニズム

フランス	イギリス	日本	イタリア
長期化した野党時代			
社会党 22 年 （1959–81 年）	労働党 18 年 （1979–97 年）	社会党 45 年 （1948–93 年）	社会党 16 年 （1947–63 年） 共産党 29 年 （1947–76 年）
地方分権へのイデオロギー転換			
代替政策プログラムが形成される		代替政策プログラムなし	
連携関係		他の野党との連携はない	
共産党と	自由民主党と		
「野党の勝利」による政権交代		「与党の敗北」による与党との連立	
1981 年 社会党（共産党との過大規模連立）	1997 年 労働党（自民党との政策協力）	1993 年 非自民党 1994–98 年 自民党・社会党	1963–71 年 キリスト教民主党・社会党 1973–76 年 キリスト教民主党・社会党 1976–79 年 キリスト教民主党・共産党・社会党
即時の決定的な改革		協力関係	
1981–82 年	1997–98 年	自民党の一部と	キリスト教民主党の一部と
ためらいがちな改革		不確実で長引く、限定的な改革	
1983–86 年	1999–2000 年	1993–2000 年	1966–78 年

まったく無制約に自らを再構築できるわけでもない。信頼できる代表と見られる必要があり、また新たな支持者の獲得と同時に伝統的な支持者も維持する必要があるからだ。本書で取り上げた四つの国の事例では、左派政党がそれぞれに、地方分権に適切な「野党的」政策を見出し、それを採用することにより、現在抱えている経時的また構造的な制約に取り組み、それらを選挙の資源に変えることができると考えた。たとえばフランス社会党は、資本主義による社会経済的な悪影響に対処するための最良の手段として地方分権を信奉するようになり、ケインズ主義的経済介入と国有化を進める野心的な提案と並ぶ中心的な政策プログラムとして採用した。一方、英国ではニュー・レイバーが、「急進的中道路線」による近代化プログラムの中心要素として地域への権限委譲を採用し、従来のような国家中心主義の左派と自由市場主義の右派という二分法を克服する「第三の道」を進もうとした。日本とイタリアの左派は、自らの国家主義的な傾向を修正し、地方レベルの政府は保守支配の国家に忍び寄る「ファシズム」に対抗して戦後民主主義を守る防波堤だという主張を擁護するようになった。

それぞれの政治主体が自分たちを取り巻く構造的条件と取り組むために行った戦略的選択は、常に特定の時間軸の上で行われたものであり、決して前後の文脈から独立してはいない。おそらくそれが、とくに在野の左派政党が地方分権に親和性を見出した理由の一つであろう。左派政党は、自分たちの中心的価値観を実現する手段として中央集権国家に執着する伝統的な思考を克服する必要があったものの、彼らによる参加型民主主義の標榜は、健全な政治的プラグマティズムとあいまって、もしも国政で解決できないのなら、地方レベルの政治にこそ答えが見つかると考えるのを可能にした。政治よりも市場を信じる右派の政党は、たとえ野党である時期にはそれが「合理的な」戦略であったとしても、地方分権に転向するとは考えにくい。キーティングは、左翼政党が一九八〇年代に地方分権の支持に傾くようになった一般的な傾向に注目して、次のように指摘している。「左派政党は、社会的支持基盤の縮小と、新興の運動との競合のため、選挙の訴求対象を拡大せざるを得なかった。そこには、より明白な地域的側面も含まれる。また国政レベルでは野党時代が長期にわたったため、左派政党のあいだでは都市部や地方の地盤固めが進んだ」(Keating, 1988: 238-239)。スペイン社会党(PSOE)や、さらにはスペイン共産党(PCE)も、野党時代に地方分権の大義に転向した左派政党のリストに追加していいかもしれない。彼らの場合は、フランコ体制終了後の民主主義移行期の出来事である(Gunther et al. 1988: 251-253)。

しかし、ゴルヴィッチは、フランスとイタリアの広域地方行政区画化についての画期的研究において、左派か右派かを問わず「野党は政権与党よりも地方分権に好意的な傾向がある」と主張している(Gourevitch 1978: 31)。「一八一五年以降、フランスに戻ってきたエミグレ(亡命貴族)たちは大革命とナポレオン時代に創設された行政機構を丸ごとそっくり継承し、その後の五〇年間で中央集権化に対する批判が次第に左派の側から出てくるようになった。一八七〇年以降は立場が逆転した。第三共和政のもとで左派は地方の保守派を根絶するために中央政府の権力を利用し、右派は地方自治の価値を再発見した」(Gourevitch

1978: 31)。戦後期の民主主義先進工業国において左派が地方分権の主な推進者であった理由は、左派のイデオロギーがおのずと、というか本質的に分権主義的だったからではなく、冷戦期の欧米諸国において右派が選挙で優勢を保つという一般的な傾向から左派は野党の立場にあることが多かったからだと論じることもできよう。

この主張を裏づけるものとしてスウェーデンの事例が挙げられるかもしれない。スウェーデンでは例外的に、左派の優勢が続いてきたからだ。一九六〇年代から一九七〇年代にかけて社会民主労働党（SAP）政権のもとで中央集権的な傾向が強まり、右派がそれに反対していた。「社会民主労働党は、大規模で中央統治型の政府を推進した。スウェーデンにあるすべての自治体やスウェーデン社会全体に、均質でムラなく平等に決定が行きわたるようにしたいという政治的野心をもっていたのだ。他方、保守派政党は、地域民主主義や地方ごとの相違点への調整、共同体の多様性を重視した（Szücs 1995: 110-111）。行き過ぎた中央集権化はやがて深刻な問題と化し（De Vries 2000: 208）、一九七六年に社会民主労働党は政権を失った。これは一九三二年以来初めてのことだった。地方政府への権限委譲に手をつけたのは中道‐右派（非社会民主労働党）連立政権だった。この連立は一九七六年から八二年までの間に三回の組閣を行った（Premfors 1998: 149）。野党に転落した社会民主労働党は、相当な躊躇の末に、一九七〇年代後半には自らも地方分権支持へと宗旨替えした（Premfors 1998: 154）。一九八二年の総選挙の後、「社会民主労働党の新政府が権力を奪取し、地方分権の最大の提唱者の一つとなった。それは民主主義を拡大強化する手段と見なされていた。

地方分権はもはや論議を呼ぶような政治的問題ではなくなった」(Szücs 1995: 111)。

一九七六～八二年にスウェーデンが地方分権推進に舵を切った重要な潮目の変化において、中央党が果たした役割をさまざまな研究者が強調している。中央党は一九五七年まで農民党であったが、社会民主労働党と組んで政権に参加した結果、埋没し壊滅的なまでに党勢を失ってしまい、党のアイデンティティを一新することを決定した」(Elder & Gooderham 1978: 219)。中央党は、野党時代に支持基盤を広げるために、「地方分権社会における平等と安全」という統一スローガンを掲げて新たな党綱領を採択し、「地方自治の手段拡大を唱え始め、地域経済や自治体の計画の分野を中心とする権限を、中央政府の出先機関にすぎない地方政府から住民が直接選出する地方議会へと、委譲するように強く主張し始めた(Elder & Gooderham 1978: 221-222)。中央党は一連の地方分権政策(Elder et al. 1982: 76; Christensen 1997: 394, 397)への支持を、環境政策への支持と並べて、大量に集めることに成功し、党首トルビョルン・フェルデン(Thorbjörn Fälldin)は一九七六年に首相に就任し、中道・右派連立を率いて地方分権改革を実施した。このように、社会民主労働党の優位が続いたスウェーデンでは、中道・右派政党が野党時代に地方分権主義に転向し、政権に就いたときにそれを立法アジェンダにのせたのである。

さらに二〇〇七年一二月には英国で、一〇年以上も野党に甘んじていた保守党の党首デイビッド・キャメロンが、自由民主党と緑の党に対し、一緒に英国の政治の地方分権化を進める「プログレッシブ同盟」を結成しようと呼びかけた。結局この動きは結実しなかったが、これもまた、先ほどから論じてきたような、野党時代に地方分権主義に転換するのはなにも左派に限ったことではないという主張を裏づけるものになるかもしれない。

ここで取り上げた事例から見て、地方分権主義への思想的な転換が起きるのは、ある政党が長期にわたる野党時代を経験しているあいだであり、政治的な地方分権の大義に本気でコミットするようになるにはそれなりの時間がかかるようだ。たとえ地方分権を党の政策として正式採用したとしても、政権への復帰が早過ぎれば、その居心地のよさから地方分権への熱意は簡単にさめるだろう。

一九七〇年代の英国で四、五年おきに政権が交代したとき、保守党と労働党の両者にそのようなことが起きた。抽象的な概念として地方分権の理念を好むことと、特定の改革を党全体の合意により提案することとはまったく別の話だ。フランスの社会党は、一九七四年までには、すでに十分に地方分権に傾倒していたため、政権に就いたときには本気で公約を実行に移すことができたといえよう。ただしミッテランはその後ジスカール・デスタンに敗北した。同様に、英国の労働党も、一九九二年の総選挙で敗北したときにはすでに、権限委譲の考えに十分に染まっていた。このふたつの例から推測すると、おそらく一〇年から一五年ぐらいは野党を経験することが、地方分権への傾倒が本物の信念に固まるまでに必要なのかもしれない。

しかし本当に重要な問題は、在野にいた年数ではなく、そのあいだに政党が思想面や機構面で十分な政治資源を築き上げるかどうかである。最終的に議会の多数を獲得し、自らの望む形で地方分権政策を断行するときに、それが必要になるのだ。たしかに、極端に長いあいだ政権から離れているとなれば、それはその政党が、政治的に実行可能な代替案をまとめる能力がない証かもしれない。構造的条件だけが物事の展開をすべて決定するわけではない。一部の主体は他のものよりも達者に、全体の構造を読み取り、それを自らに有利な材料に変えていく。ここが、フランスや英国で起きたことが、日本やイタリアで起きたことと一線を画すポイントだ。

フランスと英国では、野党はやがて思想的な武器を刷新し、磨き上げる巧みな方法を見つけた。それは地方レベルの党の組織基盤を拡大し、また新たな社会経済的な条件に共鳴するものだった。こうした努力が実を結んで魅力的な政策綱領ができ、党を結束させるとともに、政府に対する明確な代替案の提示となった。地方分権の具体的な提案は、こうした政策綱領の不可欠な部分だった。しかも、権力交代を絶え間なく追求するなかで、フランス社会党もイギリス労働党も他の野党との統一戦線を模索した。フランス社会党は共産党と選挙協力を行い、イギリス労働党は自由民主党と政策協議との合意を結んだ。

これとは対照的に、日本とイタリアでは、左派野党は、長きにわたる在野期間にもかかわらず、政権与党を引きおろすための効果的な攻勢の戦略を考えつくことができなかった。日本社会党は一九六〇年代から七〇年代にかけての地方レベルでの勢力拡大をうまく利用することができず、政府に対し有効な代案となるような政策を提示する能力に欠けることが八〇年代を通じて証明された。選挙のたびに社会党の議席数は減少し、野党陣営全体としても分裂したままだった。その結果、社会党自身が地方分権主義に転換し、国のあちこちから権限委譲の要求が高まっていたにもかかわらず、社会党が主導権を握って、首尾一貫した特定の政策提案をまとめ上げ、支持基盤を広げることができなかった。イタリアでも、左派はキリスト教民主党に本格的な挑戦を突きつける力がなく、逆にキリスト教民主党によって分断、制圧されていた。一九四七年にキリスト教民主党との連立政権から社会党が追い出されたが、社会民主党（ＰＳＤＩ）は連立内にとどまったため、以降の社会主義運動は著しく分断された。その後、共産党と社会党という「かつての敵同士」のぎこちない同盟は、一九六三年にキリスト教民主党が社会党をパートナーに選んだことで破綻した。共産党と社会党は一九四七年に権力の座から追われるやいなや、どちらも地方分権主義に転換していたが、彼らは独自の代替政策プログラムを策定する立場になく、ましてや自分たちの提示する条件のもとで推し進めるなどとうてい無理だった。

やがて四カ国のいずれでも政権交代が起こったが、それにはふたつの異なる形態があった。フランスと英国では野党が議会の大多数を獲得し、劇的な権力の交代が起きたのに対し、日本とイタリアの場合は単に政府が議会の過半数を失っただけであり、その結果野党を引き込んだ連立政権の枠組みを余儀なくされたのである。

フランスと英国では野党が代替政策案を策定することができ、そこに地方分権の具体的な提案も含まれていた。それらを後押しするために他の野党とも効果的な連携を結んだ。長年にわたる在野の時代は地滑り的な勝利で終止符を打ち、明白な有権者からの委任が与えられた。フランス社会党とイギリス労働党が長年にわたる野党時代に地道に築き上げた思想面と制度面の政治資源が、劇的な権力交代を現実のものにした。政権与党という新たな条件のもとで、これらの資源が今度は地方分権の信念を貫くことを可能にしたが、同時にまた強要することにもなった。なにしろ、地方分権を実行すれば、長いあいだの奮闘の末に勝ち取った権力のかなりの部分を手放すことになるのだから。

したがって、フランスでも英国でも、野党が権力の座についてからの最初の段階は、即刻かつ決定的な改革の実施によって特徴づけられた。選挙協力の代償として、またそれだけでなく、野放しにしておくと左派からの攻撃という有害な事態が起きかねないので、社会党は共産党に閣僚ポストを提供し、過大規模の左派連立を形成した。地方分権の重要な基本法が、政権発足から一年も経たぬうちに制定され、施行された。同様に、英国の労働党も選挙前の公約を堅持して、スコットランドとウェールズへの権限委譲を問う住民投票を遅滞なく実施した。肯定的な結果を受けて、政権発足から一年強の間に必要な法律を制定した。自由民主党と一緒に憲法改正に関する共同諮問委員会を設置し、内閣委員会の地位を与えた。フランスでも英国でも、地方レベルへの権限委譲は長いあいだ議論されてきたが具体的な成果をあげられずにいた。しかし、新政府は歴史的な重要性を持つ地方分権改革を驚くべきスピードと決断力で遂行したのである。

だが、この「理想主義的」とも言える第一段階は、あまり長続きしなかった。権力奪取によるお祭り気分は、やがて日常的な政権運営の現実に道を譲り、野に下ったライバル政党からの批判や挑戦に直面しなければならなくなった。第二段階の「ためらいがちな」改革では、「野党的な」政策としての地方分権は、与党の立場からは次第に魅力を失っていった。フランスでは、一九八二年、八三年、八五年の地方選挙で、社会党と共産党が連続して敗北を喫し、それまでは圧殺されていた地方分権政策に疑問を呈する内部の声が聞こえ始めた。一九八四年には、地方分権の原動力だった、首相と内務・地方分権大臣が交代し、共産党は連立政府から離脱した。これ以上の選挙の敗北への明らかな恐れから、第一回の地域圏議員の直接選挙は一九八六年まで延期された。英国では、労働党政府の指導部が、一九九九年までには抑えがきかなくなりそうだと気づいて、目に見えて怯えはじめた。憲法体制改革の野心的プログラムは全般的に漂流し始め、自由民主党との政策協議は目的意識を失った。改革そのものは取り消されなかったが、第二段階で政府与党内部に抵抗感が高まるにつれ、計画の遅れや変更が顕著になった。もう改革は十分に進められたという認識から、一部の公約はひっそり取り消された。それも、ある意味で嘘ではなかった。政治的な地方分権に関しては、フランス社会党とイギリス労働党が最初の二年ほどで達成したことは、それまで両国のどの政府も到達できなかったのだから。

　これと対照的に、日本とイタリアでは政権は交代したが、それは野党が躍進して最終的に勝利したからではなく、むしろ政府与党が国会で過半数を維持できなくなり、権力にとどまるためには野党の助けを借りざるを得なかったためである。野党はようやく政権に就いたものの、それはかつての宿敵と連立を組むことによってのみ達成された。どの政党も選挙で明白な政権の委託を受けることができず、地方分権に関する精緻な政策協定も欠けていたため、連立政府という条件のもとでの改革プロセスは必然的にあてどなく遅れぎみとなり、成果は限定的で小出しになった。どの主体も、単独で状況を支配していなかった。政策プロセスは、連立パートナーたちの相互の協力を通じてのみ気まぐれに進行し続けた。かなり弱体化したものの、いまだ最大政党の座を保っている主要保守政党が、引き続き地方分権の大きな障害として立ちはだかっていた。進捗が見られるのは決まって、保守政党内の比較的改革に好意的な勢力が党内の権力闘争で優位な立場を獲得し、野党だった左派政党を連立政権につなぎとめるために譲歩するときであった。

興味深いのは、フランスや英国の左派の改革派とは対照的に、日本における社会党やイタリアにおける社会党と共産党の地方分権主義への忠誠は、彼らが政権内部にとどまるにつれて強くなったことである。政権入りした当初は、彼らもたいして権限委譲の具体的な計画をもっていたわけではなかったのだが、かつての宿敵と連立を組み、保守派が社会経済的な困難に取り組み、政治危機を乗り切るのを手助けする羽目に陥ったことから、「野党的な」政策である地方分権は次第に、党のアイデンティティにかかわる新たな焦点となっていった。信用を汚しうる現在の立場や、政権に参与して思想的に相容れない政策の片棒を担いでいることを正当化してくれる譲れない政策なのだ。明確な政権交代の場合は、決定的な選挙結果によって政党間の権力闘争が一時的に解決されるのだが、それとの重要な違いがここに反映されている。元野党にとっての理念上の武器として、地方分権政策の価値は縮小どころかむしろ増大する。なぜなら権力闘争は連立の枠組みのなかで継続し、激化しているからだ。このように、日本社会党は政権与党の一角を占めるための代償として、これまでの外交および安全保障の基本政策に関して大きな譲歩を余儀なくされ、そのために地方分権は社会党にとって自前の政策とみなせる唯一の政策として重要性を増したのである。同様にイタリアでも、広域地方行政区画化は、社会党と共産党が協力して、一九六〇年代から七〇年代にかけての激動の時代にキリスト教民主党の統治を支える上で絶対必要な条件となった。

そして今度は、そのような連立のダイナミクスによって、日本の自由民主党とイタリアキリスト教民主党の両党のなかでも地方分権主義に比較的前向きな人々が表に出てくることになった。彼らは左派との連立の枠組みを維持することのできるきわめて重要な交渉役だった。言い換えれば、地方分権は支配的な政党においても党内権力闘争の重要な思想的資源に変わったのである。

左派政党が支配的な保守政党に取り込まれるのと同様に、自分たちも彼らを取り込んでいたが、かつての左派野党が自分たちの存在意義を示すために地方分権政策の進展を必要としている限りは、そして保守派が議会の多数を維持して権力の座にとどまるために左派政党の支持を必要としている限りは、地方分権は実現していった。たとえ限定的で、小出しにではあっても。このように、長期化し限定的ではあったものの、地方分権政策は、日本でもイタリアでも、かつての野党が優勢な与党と連立を組むことによって、戦後の歴史で初めて達成されたのである。とくにイタリアの事例は、限られた改革であっても、長期的で累積的な影響がかなり重大なものになる場合もあることを示している。

結論

本書は、議院内閣制をとる単一国家において、野党であることと地方分権推進の間のダイナミックなメカニズムを、特定の時代と構造的な背景の中に位置する政党政治の比較研究を通じて実証しようとしたものである。その過程で試みたのは、決定論的構造分析に共通する「比較静学」か、主体ベースの説明に共通する好きなところだけ切り取って並べたような「順番に並べたスナップショット」か、という二分法を超えることだった。本書は地方分権の政治に焦点を当てたが、野党的な政策という概念は他の民主主義の制度——たとえば行政の議会に対する説明責任の強化や情報公開など——についての今後の研究にも効果的に応用できると考えている。

これらの研究から得られるいくつかの重要な教訓もある。この調査は、民主的な制度を形づくるにあたっての野党の重要性を強調した。たしかに政策をつくるのは政府だが、もしも、これまで論じてきたように、我々の政治システムの絶え間ない民主化を推進する政策が野党時代に生まれるとするならば、市民も政治家もともにしっかりした野党を作り育てるために、もっと全力でかかわるべきだろう。

リチャード・カッツ（Richard Katz）とピーター・マイア（Peter Mair）が影響力のある研究で指摘しているように、市民の参加や関与の減退を補うために国の補助金と国が規制する電子メディアへの依存度を高めた結果、今日の政党は準国家機関のようなものに進化を遂げ、実質的なカルテルを形成して集団で生き残るために互いに馴れ合っている。この理論に従えば、政党間競争は民主的な政治との関係性をほとんど失い、政党が市民社会の見解を代表して、国家の運営の仕方を変えていこうとする能力は、ほとんど失われている（Katz & Mair 1995: 16,18）。

各党の政策綱領が次第に似通ったものになり、選挙戦でも物議を醸すような手法を避け、皆が一致する目標を掲げる傾向が強くなるにつれて、選挙の結果で政府の行動が決まる度合いが縮小している……民主主義は社会の変化ではなく社会の安定をもたらす手段となり、選挙は憲法体制の尊厳的部分となる。言い換えれば、民主主義は、国家に対し市民社会が制限や統制を加えるためのプロセスとして見られることがなくなり、その代わりに国家が市民社会に提供するサービスのようなものになる。（Katz & Mair 1995: 22）

ここで強調されているのは、多数決主義の制度そのものは、野党が本来の機能を果たすことを保障しないということだ。たとえば、二大政党が互いに相手を模倣しながら張り合い、交互に政権を担う準国家機関のようなものになることも可能なのだから。

また時には政党政治のあり方に不満と諦めを感じ、市民社会の内に籠もるような形で反対することに逃げ場を探したくなることもあり得るだろう。しかし、中央・地方の政府間の対立が結局は中央集権主義の現状を永続化させてきただけという事例を見ると、政党間競争をまるごと諦めてしまうことにも警戒が必要だ。結論として言えるのは、本書で取り上げた単一国家においては、野党が政権の座に就くまでは、たとえどれほどの圧力が社会のなかに鬱積しようとも、地方分権は起こらなかったということだ。

注

第1章

1　包括的な文献レビューは、Jordan（1990）、Kenis & Schneider（1991）、Thatcher（1998）を参照。とくに影響力の大きい文献には、Rokkan（1966）、Lowi（1969）、Richardson & Jordan（1979）がある。「政策共同体」と「政策ネットワーク」は文献中で互換的に使用されているが、区別されるときは後者がより汎用的な意味で、前者は閉じていて安定したものを指す（この場合、「イシュー・ネットワーク」はオープンで変わりやすいタイプを指す）。オープンで変わりやすい「イシュー・ネットワーク」についての議論は、Heclo（1978）を参照。

2　オリジナルのモデルは Cohen et al.（1972）。

3　メカニズム探索の再重視については、Pierson（2004: 6-7）も参照のこと。

4　たとえば、Treisman（2007: 23）は、この概念を次のように定義している。「一定の意思決定権を基礎自治体に撤回しにくい形で与えること、または下位の行政区域の住民に当該レベルの行政官を選出する一定の権利を与えること、またはその両方」

5　特定の状況下では、国会議員は意図的に官僚にかなりの裁量の余地を与え、細かに指示を下すような政策立案を行った場合のコストを回避しようとするかもしれない（Huber & Shipan 2002 参照）。

立法能力の相対的な欠如は官僚の裁量権の拡大をもたらす可能性がある。それは専門化した官僚制度の確立が政党政治の創出よりも先行した国において共通して見られる現象である。

6 もちろん、壊滅的な出来事によって過去の一切が清算されてしまい、政治主体の総入れ替えが起きたときは別である。

7 Huber（1996: 23-37）が正しく指摘したように、「半大統領制」のフランス第五共和政は、議院内閣制の制度原理に大いに従っている。

8 Steiner（1965: 327）は次のように述べている。「地方自治体は、上からの指導を仰ぐことに慣れているだけでなく、それなしに行動することを恐れている。したがって市町村が自主的に規則を定めることを希望する場合は、首長は法案を議会に提出する前に都道府県地方課に草案を見せることがよくある。同じことは予算にも当てはまる。知事は、都道府県議会に法案を提出する際に、自治省の助言を仰ぐことがしばしばである。より上層の官庁の理解を事前に得ておかなければ不興を買い、まずい結果を招くかもしれないという一般的な懸念がある」。

9 実際、自治省は、審議会を通じて、縄張り争いにおいて地方自治体の財政的な利害を代弁する代理人であったとの主張もある（Reed 1986a: 41）。

10 知事とは異なり、これらのポストは地方が（理論上は）任命する役職であるが、中央から出向した官僚で占められている。

第2章

1 一九四六年の憲法では、県の行政権は、知事ではなく県議会議長に属する、と定められていた。しかし、それに続く別の条項によって、この権限の移行は関連の組織法が制定されるまで延期されるとされ、実際には一度も実施されなかった。同時に、「後見監督 tutelle」という用語は公式には

「行政監督」に置き換えられたが、現実には「後見監督」という言葉が使われ続け、慣習そのものもずっと継続した。

2 一九六四年の地方改革については、Grémion (1976: 20-150) を参照。

3 地域圏の知事による技術系省庁の地方業務の統制はほぼ完全に名目上だけのものであることが証明された。

4 フランスには今日でも三万五千あまりのコミューンが存在する。

5 クロジエとジャンクロード・トニッグはグループ内の少数派意見として、地域圏は完全な地方自治体になるべきであり、直接普通選挙によって選出された独自の首長と議会を持つべきであると提唱したが (Documentation Française=DF 1976a: 1-38)、この意見はペールフィットによって真っ向から反対された。

6 このような地方分権によって影響を受ける政策分野には、運輸、都市計画、建設、産業振興、教育、社会政策、公衆衛生、環境、文化、国家遺産などが含まれていた (DF 1976a: XIV)。

7 ギシャールの委員会は、公職兼務についても奇妙に煮え切らない立場をとっていた。ただし、法令による制限の必要性があるかもしれないという議論は行っていた (DF 1976b: 66-67)。

8 その割合は、一九五八年に六三%、一九六二年に七九・九%、一九六七年に七九%、一九六八年に六七%、一九七三年に七四・七%であった (Reydellet 1979: 725)。

9 Baguenard (1997: 22) の引用による、一九五八年一〇月四日の憲法の第二四条三項。

10 ドフェールの改革の後は、地方圏議会の議員 (直接普通選挙で選出されることになった) が、こうした県単位の選挙人団に追加されることになった。

11 従来は内務大臣が、市議会の提出する三人の候補者リストのうちから市長を任命していた。町長や村長はすでにそれぞれの議会で選出されていたが、それまでは必要とされていた内務大臣の承認が、大正デモクラシーの時代に要らなくなった。
12 町内会や部落会は一九四三年に戦時総動員体制の補助機関として公式に法的地位を与えられたが、一九四七年に非公式化された。
13 たとえば、社会保障など。
14 保健所など。
15 たとえば、保健所の所長は医師でなければならないなど。
16 広域地方行政区画化への取り組みについて、詳しい説明はSamuels（1983: 127-143）と川西（1966: 22-181）を参照のこと。より一般的な地方政府に関する政策の歴史の総合的な説明は、坂田（1977）がどちらかというと自治省よりの視点から、都丸（1982）が左派の視点から行っている。
17 この時に沈黙していた他のふたつの地方団体は、当然ながら県を代表する団体であった。すなわち全国知事会と全国県議会議長会である。
18 日本はフランスとは異なり、すでに第一回目の市町村の合理化を、一八八〇年代後半に近代的な地方制度を樹立した時点で達成している。三九市（特別の地位を持つ東京、京都、大阪を含む）が一八八九年に設立され、同じ年のうちに町村の数は七万一千人超から約一万五千へと大幅に削減された（明治の大合併と呼ばれる）。
19 より最近では、同じように財政上の困難を理由に始まった「平成の大合併」によって市町村の総数は一九九九年の三二三二から二〇〇七年には一八〇〇にまで減少した。
20 この条件はフランスには存在しない。フランスではすべての市町村がコミューンであるためだ。唯一の例外がパリであり、市であると同時に県でもある。リヨンとマルセイユについても、幾分はそういう特殊な地位があるといえよう。
21 たとえば、地方自治行政研究会（1983: 458-466）には、自治官僚による説明が載っている。また鳴海

22 (1982: 125-148）には横浜の革新市政の中心で活躍していた人物による批判的な見解が載っている。たとえば、自治省の官僚に関するジャーナリスティックな書籍には、地方政府の「制圧」とか「制覇」といった言葉が並んでいる。そうした記述によれば、自治省の究極の野心は、戦前の内務省の復活であるとされる。たとえば神（1986）は、そのような出版物のなかでもかなりきちんと調査されたものである。

23 内務省の管轄下には、地方行政、警察、土木、宗教、厚生などがあり、とりわけ内務省の中核を成していた地方局と警保局の威光は全国に知れわたり、恐れられていた。

24 その後、自治省の公式な英語名はMinistry of Local AutonomyからMinistry of Home Affairsに変更されたが、日本語の名称は変わっていない（百瀬 2001: 15-16参照）。これが、かつての内務省の栄光に対するノスタルジアを表していることは疑いのないところだが、変更は純粋に英語名称に限られていた。無用な混乱を避けるため、本書では一貫してMinistry of Home Affairs（ＭＯＨＡ）の表記を使っている。二〇〇一年の行政改革で、自治省は総務庁や郵政省と統合されて総務省（Ministry of Internal Affairs and Communications）となった。

25 九つの道府県で自治省官僚が行政管理職を一つ占めており、二一で二つ、五つで三つ、八つでは四つ以上の管理職が自治省官僚で占められていた。兵庫県にいたっては、五つの管理職に加えて知事までもが自治官僚だった（神 1986: 224-229)。

26 他のほとんどの日本の省庁は高級官僚の天下り先を、管轄下の共団体や民間企業に確保している。郵政省の事例についての研究は拙著（1998a）を参照。

27 たとえば、運輸省は各地方に独自の地方運輸局、港湾建設局、地方航空局を持っていた。

28 たとえば多くの都道府県において、農林水産部のトップの席は、農林水産省のエリート官僚によって定期的に占領されている。東京都は全国で唯一、エリート国家公務員（自治省官僚を含む）を上級幹部職にいっさい迎えていない都道府県である。他の道府県はどこも、程度の差はあれ、一部のトップ管理職の人材供給を中央省庁に依存している。

29 多くの学者が、日本の政治における恩顧主義の仕組みを分析している。たとえば、Curtis（1971）、Calder（1988）、最近ではScheiner（2006）を参照されたい。

30 ここからの説明は、主に荻田（1979: 42-44）に依拠している。荻田は元自治官僚。

31 メンバーには、いつものような経済団体、労働組合、メディア、学界からの代表者が、自治省、大蔵省、農林水産省、建設省、運輸省、労働省、厚生省、文部省、郵政省、通産省、国土庁などの元官僚と並んで入っていた。

第3章

1 このセクションの一部は、拙著（2000）に加筆したものである。

2 たとえば、Hauss（1978）を参照されたい。Levy（1999: 72-86）には、社会党の政策アジェンダの準備において「第二の左翼」が果たした役割について有用な分析がある。

3 この概念の詳細な分析については、Brown（1982）を参照。

4 一九七三年と一九七六年の数字の出典は、*Le Monde*（19 mars 1976）。一九七九年の数字は *L'Année Politique Économiquet Sociale en France 1982*（1983）から。

5 National Assembly（France）（1979）を参照のこと。この野党の法案については、本書第4章で詳細に論じている。

6 このセクションの一部は、拙著（2006）に加筆したものである。

7 日本社会党の右派は、この条約の見直しをめぐる意見対立から一九六〇年に分離し、民社党を結成した。

8　革新自治体とは通常、首長が革新派に属する地方自治体を指す。野党（とくに日本社会党や日本共産党）の支持をバックにした首長は、革新派とみなされるのが一般的である。しかし、支持母体に自民党が含まれる場合には、その首長はもはや革新派とはみなされず、「相乗り候補」とされる。「革新」の概念についてのより詳細な議論は、大森（1986: 211-214）とSteiner（1980b: 317-322）を参照のこと。

9　「政令指定都市」のうち、大阪と北九州は同じ年に革新市長を選出した。

10　横浜、川崎、名古屋、京都、大阪、神戸。保守が確保したのは札幌、北九州、福岡。

11　飛鳥田は、「横浜市に直接民主主義を植えつけることが、ボクの最大の目標だろう」と述べている（飛鳥田 1987: 183）。

12　東京都における生活環境改善のための「シビルミニマム」の概念についての解説は、たとえば日本社会党（1990b: 195-199）を参照。

13　美濃部（1979: 83-86）を参照されたい。美濃部は一九七五年に東京都知事を狙う石原慎太郎の野心を挫くことに成功したが、石原は一九九九年に都知事に選出された（二〇〇三年と二〇〇七年にも再選された）。

14　革新自治体の時代の終焉を説明するために、多数の説が打ち出されている。たとえば、大森（1986: 227-229）、Reed（1986b: 452-465）、前田（1995: 121-182）など。さまざまな説を論評するものとして、鳴海（1994: 164-169）も有用である。

15　日本における一党支配を永続させる上で、恩顧主義と金融の集中化が果たした役割を強調する最近の研究はScheiner（2006）を参照。

16　実際、都市部では革新自治体が躍進したものの、同じ時期の国政選挙では、社会党の大都市の票を大幅に減らした。Curtis（1988: 19-30）を参照のこと。

17 日本社会党内部のイデオロギー対立は激しく、前議長が率いる右派の小グループは一九七七年に社会党を飛び出し、後に社民連と呼ばれる社会市民連合を結成した。

18 前田（1995）を参照のこと。日本社会党の歴史を概観するには、Stockwin（2000: 209-251）が有用である。

19 ふたつの概念については、Steiner（1980a: 8-9）を参照のこと。

20 横浜市長の細郷道一と東京都知事の鈴木俊一は、いずれも元内務官僚。

21 大森（1986: 230）を参照されたい。他の省庁出身の知事もいる。

22 分権化された多元主義社会への移行には歴史的な必要性があったという同様の主張が、「地方主義者」と自称する学者たちのゆるやかな運動によって提唱されていた。地方主義者が求めるものは、多様性に富む自律的な地域社会によって構成された社会の実現であり、そこでは「中央」さえも地域の一つにすぎないとされた。たとえば、玉野井（1977）を参照されたい。

23 宮澤は自治官僚の出身であり、後に知事を二期務めた（1973-1981）後、参議院議員に転身した。

第4章

1 すなわち、以下のポストをふたつまで――フランス議会または欧州議会の議員、県議会の議員、地方圏議会の議員、コミューンの市町村長、大都市の副市長。

2 社会党の地方分権政策の成果についての詳細なまとめは、Ohnet（1996: 174-194）とSchmidt（1990: 107-152）を参照。一九八二年三月二日の基本法は、フランス官報（*Journal Officiel de la République Française, et des lois etdécrets*）（1982: 730-747）に掲載されている。

3 シュミット、一九八五年五月二三日ドフェールへのインタビュー。

4 エリック・ジュイリ、二〇〇一年四月五日、パリで著者がインタビュー。

5 ピエール・ジョックス、二〇〇一年四月九日パリで著者がインタビュー。
6 エリック・ジュイリ、二〇〇一年四月五日パリで著者がインタビュー。
7 モーリス・グリモー、一九九八年一〇月一四日パリで著者がインタビュー。クロード・ブシエール、一九九八年七月一〇日パリで著者がインタビュー。ブシエールはその後グリモーの後を継ぎ一九八三年にドフェールの大臣官房長官に就任した。
8 クロード・ブシエール、一九九八年七月一〇日パリで著者がインタビュー。
9 エリック・ジュイリ、二〇〇一年四月五日パリで著者がインタビュー。
10 任命はジュイリ本人にとっても意外なことだった。グリモーとブシエールはリシャールの後任に知事の誰かを希望したが、ミシェル・シャラス（地方分権担当の大統領補佐官）とミシェル・ドゥルバール（モロワ首相の大臣官房長官）が反対した。そこでドフェールはジュイリを提案し、それには誰もが同意した（エリック・ジュイリ、二〇〇一年四月五日、パリで著者がインタビュー）。
11 ジュイリを介してドフェールの大臣官房に採用されたもう一人の国立行政学院出身者は、オリヴィエ・シュラメク（Olivier Schrameck）だった（ＥＮＡでジュイリより一年先輩で、同じく国務院のメンバーでもあった）。シュラメクはやがて国民教育省でリオネル・ジョスパンのもとで働くことになり、ジョスパンが首相になるとその大臣官房長官に就任した。
12 この段落の一部分は、拙著（2000: 110）からの引用。
13 たとえば、Siwek-Pouydesseau（1969: 85-108）による協会についての記述。
14 ラニエは一九七四年の大統領選挙戦でジスカール・デスタン陣営を統率して当選に導き、その恩賞としてパリ県知事に引き立てられた。その後、ジャック・シラク（一九七七年以来、パリ市長を務めていた）と親密になり、後にはド・ゴール主義の政党、共和国連合（ＲＰＲ）の上院議員となった。
15 ルシアン・ヴォシェル、一九九八年八月三日パリで著者がインタビュー。

16 以下の政策プロセスの記述は、国立政治学院（Fondation Nationale des Sciences Politiques）のプレス資料（dossiers de presse）に基づいている。他にも、Rondin（1985: 49-74）、Grémion（1987）、Schmidt（1990: 105-137）などを参照のこと。

17 シラク政権は後にこのデクレを撤回し、再び彼らを知事に戻した。本書では混乱を避けるため、こうした国家の代理人を一貫して「知事」と呼んでいる。

18 最大得票数を獲得した政党は自動的にコミューン議会の議席の過半数を獲得できるが、残りの議席は比例配分されることになった。Schmidt（1990: 140）が指摘しているように、「この改革の後でも、いまだに三万三八四九のコミューンが、より個人ベースで多数決主義の、決選投票システムを事実上は採用していた」。

19 行政機能の再配分の詳細については、Schmidt（1990: 121-130）とOhnet（1996: 188-192）を参照。

20 したがって、たとえば大都市の市長が県議会の議長を兼務するようなことはできなくなる。

21 たとえば、保育所、幼稚園、青少年文化センターなどに関する事項。Ohnet（1996: 193）を参照されたい。

第5章

1 連合に支援された参議院会派も数に入れれば、連立政権には八つの党派が存在した。

2 一九九二年一二月一六日に公表された細川護熙を党首とする日本新党の政策プログラムについては、「日本新党政策要綱」（1998: 136-163、とくに144-147）を参照。小沢一郎の新生党の、一九九三年七月の選挙にむけた政党マニフェストについては、「新生党 第四〇回総選挙にあたっての基本政策」を参照されたい（1998: 364-370, とくに367）。

3 「今後における行政改革の推進方策について 閣議決定一九九四年二月一五日」地方自治制度研究会

編（1996: 28–29）による抜粋より。

4 さきがけについては、拙著（1998b）を参照。

5 地方分権委員会は当初五年の任期で設置されたが、その後、存続期間が一年延長された。存続期間中に中間報告、五次にわたる勧告と最終報告、意見書二通を提出した。中間報告と最初の四次の勧告のみが、地方分権法の実際の基礎となった。

6 村山富市、二〇〇二年一二月三日、東京で著者がインタビュー。もう一つの彼の優先事項は、アジアの近隣諸国との間で過去の日本の戦争についての和解を求めることだった。

7 村山富市、二〇〇二年一二月三日東京で著者がインタビュー。

8 何通りかの回想が公になっている。塩野ほか（2000: 72–78）、松本ほか（2000: 38–39）、五十嵐（1997: 206-207）、『朝日新聞』（1994b）、坪郷（1997: 191-192）など。

9 ドフェールもわずか三年で内務省を去ったが、そのときまでは地方分権改革の根幹部分は完成していたし（実際、基本法は最初のわずか三カ月で制定に漕ぎつけた）、後継者のジョックスは自分の役割は「動き出した列車を止めないこと」だけだと十分認識している（ピエール・ジョックス、二〇〇一年四月九日パリで著者によるインタビュー）。

10 村山富市、二〇〇二年一二月三日東京で著者がインタビュー。

11 すでに高齢だった長洲は、一九九九年に亡くなった。

12 彼はすでに地方六団体の地方分権委員会、地方制度調査会、行政改革推進本部の地方分権部会のメンバーであった。これらの団体は、いずれも地方分権推進委員会の審議のための準備を整える役割を果たしていた。

13 これらの三省庁は正式な行政組織（形式）に関心があるものとされていた。その一方で他の五つの「関連」省庁は実際の機能（実体）に関係していた。

14　西尾の回想によれば、委員会は事務局が事務的業務の遂行に難儀していることが明らかになったので、事務局にもっと地方自治体から事務的な支援を得るべきであると提案したが、事務局からはできないという返事が返ってきた。その理由は、先の合意で五つの関連省庁と地方政府には同じ数の公務員が派遣されるとなっていたのに違反するのからというものだった。

15　ここから後の地方分権推進委員会の政策プロセスに関する記述は、主に西尾編（2001）、とくに第二章に依拠している。言うまでもなく、西尾は地方分権推進委員会の重要なメンバーであった。後で指摘するように、委員会の政策プロセスの多くについて記録は残っておらず、そのため西尾や他の参加者による非公式の説明だけがプロセスを再現する手がかりのすべてである。さいわい西尾は第一級の研究者らしく、委員会の働きを非常に詳細に記録している。

16　とくに西尾の八人の検討グループは、すべて学者で占められていた。そのうち一人（堀江堪）を除く全員が、中央・地方関係の分野における真正の専門家だった。それに比べて、部会で「専門家」と呼ばれるメンバーの多くは、中央省庁が推薦した元官僚であった。

17　参加者自身（西尾と大森）によるプロセスの述懐については、西尾編（2001: 45-47）、松本ほか（2000: 128-141）、大森ほか（2000: 10–11）を参照されたい。

18　地方分権法のあらまし（と解説）は、松本（2000）と久保田（1999）を参照。ただし、どちらの著者も元自治官僚であることに留意すべきである。

19　とはいえ、もっと一般的な国の関与は、若干は緩められたとはいえ依然として残っていたことに留意しなければならない（下記参照）。

20　地方自治法の全般的な目的を宣言した第一条の一はそのまま残された。

21　たとえば、公共図書館の館長が図書館司書の資格を有している必要はなくなった。

22　地方分権推進委員会の審議の後半で、公共事業の地方分権にも取り組みがなされたが、これは完全な失敗に終わった。

23 権限委譲によって影響を受ける法律や業務のリストは、佐々木（2000: 98-101）を参照。

24 二〇〇九年四月一日現在で、横浜市、京都市、大阪市など一八の、人口五〇万以上の主要都市。

25 人口三〇万以上で一〇〇平方キロメートル以上の面積を持つ約三〇の都市。改革によって、条件はわずかに緩和された。

26 約六〇に及ぶ人口二〇万以上の都市が、この地位を得る資格を得た。

27 この文脈で指摘しておきたい興味深い点は、「受け皿」論が、分権派が当初はそれを取り上げないという慎重な決定を下したにもかかわらず、地方自治体の合併への新たな関心の形として一種のカムバックを果たしたことである。具体的には、市町村合併の促進のための新法の追加措置には、財政的なインセンティブに加えて、たとえば市長が直接の請願申請を受けたときには地方議会に諮ることが新たに義務づけられたことや、「地域審議会」という新制度を導入し、合併前の市町村議会の役割を一定期間は引き継げるようにして関係地域の住民を安心させるなどの措置が取られた。

28 地方自治体は地方議会の総議席数を増やすことにはいくぶん慎重になったが、それが地方の民主主義の発展に重要な一歩となったかどうかは不明である。

第6章

1 英国における権限委譲に関する文献は大量かつ複雑である。言うまでもなく、アイルランドが独立した後も、北アイルランドの統治は引き続き困難な課題の多い問題である。本書ではこの問題まで取り上げることはできない。それは別個に取り扱われるにふさわしい主題であり、ここで公正な扱いをすることは不可能だからだ。イギリスの他の地域における権限委譲に関するこの後の記述は、Bradbury & Mawson（1997a）とBogdanor（1999）にとくに依拠している。

2　二〇〇三年のスコットランド議会選挙は、労働党と自由民主党の連立内閣が継続する結果となったが、二〇〇七年にはスコットランド独立党が最大政党となり、少数派内閣を形成した。

3　二〇〇三年のウェールズ議会選挙では、モーガンは自由民主党の支援を受けずに首班の座を確保した。二〇〇六年にウェールズへのさらなる権限委譲が実施され、二〇〇七年以降、モーガンはプライド・カムリ党（Plaid Cymru）と連立を組み、公式にウェールズ主席大臣となった。

4　一九九八年五月の住民投票により（投票率は低かったものの賛成多数だった）、この権限委譲法への道が開かれていた。

5　一九九九年七月五日付けの『イブニング・スタンダード Evening Standard』に掲載されたサイモン・ジェンキンス（Simon Jenkins）の指摘。直接の出典は、Pimlott and Rao（2002: 90）。

6　リヴィングストンは二〇〇四年に労働党から出馬して再選された。

7　戦後イタリアにおける広域地方行政区画化のプロセスについては、ゴルヴィッチ（Gourevitch 1978: 28-63）や Leonardi et al.（1981: 95-117）に詳細な分析が載っている。以下の記述は、このふたつの文献に大きく依拠している。

8　*Atti e Documenti della Democrazia Cristiana, 1943–1959* に引用された "Mozione del Consiglio Nazionale della DC," September 9, 10, and 11, 1944. 直接の出典は Mény（1986: 14）。

9　Rotelli（1967: 324）。直接の出典は Mény（1986: 15）。

10　憲法によって独立した地位を与えられ、「特別な形態と条件の自治」が許される「特別」地域圏（シチリア、サルデーニャ、トレンティーノ＝アルト・アディジェ、フリウリ＝ヴェネツィア・ジュリア、ヴァル・ダオスタ）が設置された。一五の「通常」地域圏は未だ生まれていない時期である。

参考文献

朝日新聞（1994a）「連立与党の基本政策」全文、四月二三日（七面）
朝日新聞（1994b）「地方分権にらんで与党内せめぎあい～大綱策定が山場に」一二月一六日（三面）
飛鳥田一雄（1987）『飛鳥田一雄回想録』朝日新聞社
五十嵐広三（1997）『官邸の螺旋階段』ぎょうせい
石田雄（1998）『一語の辞典 自治』三省堂
伊藤光利（1997）「連立維持か党の独自性か」山口二郎・生活経済政策研究所編『連立政治 同時代の検証』朝日新聞社
大森彌（1986）「『革新』と選挙連合」大森弥・佐藤誠三郎編『日本の地方政府』東京大学出版会
大森彌・石川一三夫・木佐茂男ほか（2000）『地方分権改革』法律文化社
荻田保（1979）「地方制度調査会の歩み」日本行政学会編『地方自治の三十年』ぎょうせい
川西誠（1966）『広域行政の研究』評論社
姜光洙（1998）『行政改革下の地方制度改革』東京大学都市行政研究会
行政管理研究センター調査研究部編（1999）『データブック 日本の行政』行政管理研究センター

草野厚（1999）『連立政権』文藝春秋
久保田治郎（1999）『地方分権と改正地方自治法』東京法令出版
幸田雅治（2002）「自治省の政策形成過程」城山英明・細野助博編著『続 中央省庁の政策形成過程』中央大学出版部
坂田期雄（1977）『地方自治制度の沿革』現代地方自治全集、第一巻、ぎょうせい
佐々木浩（2000）『知っておきたい地方分権一括法』大蔵省印刷局
塩野宏・石原信雄・松本英昭（2000）『21世紀の地方自治を語る』ぎょうせい
神一行（1986）『自治官僚』講談社
「新生党 第四〇回総選挙にあたっての基本政策」（1998）東大法・蒲島郁夫ゼミ編『「新党」全記録』第一巻、木鐸社（再録）
新藤宗幸（1998）『地方分権』岩波書店
鈴木俊一（1997）『回想・地方自治五十年』ぎょうせい
玉野井芳郎（1977）『地域分権の思想』東洋経済新報社
地方自治行政研究会編著（1983）『地方自治』ぎょうせい
地方自治制度研究会編（1995）『地方分権推進ハンドブック 増補』ぎょうせい
堤和馬（2000）『巨大省庁天下り腐敗白書』講談社
恒松制治（1993）『連邦制のすすめ』学陽書房
坪郷実（1997）「市民活動の時代に」山口二郎・生活経済政策研究所編『連立政治 同時代の検証』朝日新聞社
都丸泰助（1982）『地方自治制度史論』新日本出版社
長洲一二（1980）『地方の時代と自治体革新』日本評論社

――（1995）「『地方の時代』を求めて」『世界』主要論文選編集委員会編『『世界』主要論文選』岩波書店（初出は『世界』一九七八年一〇月号）
鳴海正泰（1982）『戦後自治体改革史』日本評論社
――（1994）『地方分権の思想』学陽書房
日本共産党（1990）「自治体闘争」全国革新市長会・地方自治センター編『資料 革新自治体』日本評論社
日本社会党（1990a）「地方自治体改革」全国革新市長会・地方自治センター編『資料 革新自治体』日本評論社
――（1990b）「東京都・シビルミニマム計画」全国革新市長会・地方自治センター編『資料 革新自治体』日本評論社
日本社会党政策審議会（1990）『日本社会党政策資料集成』日本社会党中央本部機関紙局
「日本新党政策要綱」（1998）東大法・蒲島郁夫ゼミ編『「新党」全記録』第一巻、木鐸社（再録）
西尾勝（1999）『未完の分権改革』岩波書店
――（2007）『地方分権改革』東京大学出版会
西尾勝編（2001）『分権型社会を創る』ぎょうせい
「八党派覚え書き」（1998）東大法・蒲島郁夫ゼミ編『「新党」全記録』第一巻、木鐸社（再録）
細川護熙・岩國哲人（1991）『鄙の論理』光文社
『毎日新聞』（1994）「社党『新政権 政策構想の要旨』」六月三〇日（六面）
前田幸男（1995）「連合政権構想と知事選挙」『國家學會雜誌』一〇八（一一‐一二）一二一‐一八二頁
松本英昭（2000）『新地方自治制度詳解』ぎょうせい

松本克夫・自治・分権ジャーナリストの会編著（2000）『第三の改革を目指して』ぎょうせい
美濃部亮吉（1979）『都知事12年』朝日新聞社
宮澤弘（1975）「『抵抗の論理』への疑問と不安」『朝日ジャーナル』一七（一一）四八－五一頁
村松岐夫（1988）『地方自治』現代政治学叢書一五、東京大学出版会
百瀬孝（2001）『内務省』ＰＨＰ研究所
臨時行政改革推進審議会事務室監修（1994）『第三次行革審提言集』行政管理研究センター
「連立政権樹立に関する合意事項」（1998）東大法・蒲島郁夫ゼミ編『「新党」全記録』第一巻、木鐸社（再録）

Amoretti, U.M. and Bermeo, N. (eds) (2004) *Federalism and Territorial Cleavages*, Baltimore, MD: Johns Hopkins University Press.

Annuaire du Ministère de l'Intérieur (1973) Paris: Charles-Lavauzelle.

Baguenard, J. (1997) *Le Sénat*, 2nd edn, Paris: Presses Universitaires de France.

Barrillon, R. "Quinze présidences de conseils généraux passent à la gauche," *Le Monde*, March 19, 1976. (Page number is unknown.)

Bartolini, S. and Mair, P. (2001) "Challenges to Contemporary Political Parties," in L. Diamond and R. Gunther (eds), *Political Parties and Democracy*, Baltimore, MD: Johns Hopkins University Press.

Becquart-Leclercq, J. (1983) "Cumul des Mandats et Culture Politique," in A. Mabileau (ed.), *Les Pouvoirs Locaux à l'Épreuve de la Décentralisation*, Paris: Pédone.

Bell, D.S. and Shaw, E. (1983) *The Left in France: Towards the Socialist Republic*, Nottingham: Spokesman.

Blackburn, R. and Plant, R. (eds) (1999) *Constitutional Reform: The Labour Government's Constitutional Reform*

Agenda, London: Longman.

Blair, T. (1996) "Democracy's Second Age," *The Economist*, September 14.

Bodiguel, J.-L. and Quermonne, J.-L. (1983) *La Haute Fonction Publique sous la Ve République*, Paris: Presses Universitaires de France.

Bogdanor, V. (1999) *Devolution in the United Kingdom*, Oxford: Oxford University Press.

Bottin Administratif et Documentaire (1980) Paris: Didot-Bottin.

Bourjol, M. (1969) *Les Institutions Régionales de 1789 à Nos Jours*, Paris: Berger-Levrault.

Bradbury, J. (1997) "Introduction," in J. Bradbury and J. Mawson (eds), *British Regionalism and Devolution: The Challenges of State Reform and European Integration*, London: Jessica Kingsley Publishers/Regional Studies Association.

—— and Mawson, J. (eds) (1997a) *British Regionalism and Devolution: The Challenges of State Reform and European Integration*, London: Jessica Kingsley Publishers/Regional Studies Association.

—— and Mawson, J. (1997b) "Conclusion: The Changing Politics and Governance of British Regionalism," in J. Bradbury and J. Mawson (eds) *British Regionalism and Devolution: The Challenges of State Reform and European Integration*, London: Jessica Kingsley Publishers/Regional Studies Association.

Brand, J. and Mitchell, J. (1997) "Home Rule in Scotland: The Politics and Bases of a Movement," in J. Bradbury and J. Mawson (eds), *British Regionalism and Devolution: The Challenges of State Reform and European Integration*, London: Jessica Kingsley Publishers/Regional Studies Association.

Bréhier, T. (1981) "La décentralisation au Sénat: La commission des lois oppose son contre-projet au texte de M. Defferee," *Le Monde*, October 29, 1981. (Page number is unknown.)

Bréhier, T. (1982) "La loi de décentralisation est adoptée par l'Assemblée nationale: Le premier pas d'une grande réforme," *Le Monde*, January 30, 1982. (Page number is unknown.)

Brown, B. (1982) *Socialism of a Different Kind*, Westport, CT: Greenwood Press.

Burns, D., Hambleton, R. and Hoggett, P. (1994) *The Politics of Decentralization: Revitalising Local Democracy*, Basingstoke: Macmillan.

Byrne, T. (2000) *Local Government in Britain: Everyone's Guide to How It All Works*, 7th edn, Harmondsworth: Penguin Books.

Calder, K.E. (1988) *Crisis and Compensation: Public Policy and Political Stability in Japan*, Princeton, NJ: Princeton University Press.

Charlot, J. (1967) *L'UNR: Étude du Pouvoir au Sein d'un Parti Politique*, Paris: Presses de la Fondation Nationale des Sciences Politiques.

Christensen, D.A. (1997) "Adaptation of Agrarian Parties in Norway and Sweden," *Party Politics*, 3(3): 391-406.

Cohen, M., March, J. and Olsen, J. (1972) "A Garbage Can Model of Organizational Choice," *Administrative Science Quarterly*, 17: 1–25.

Colombani, R. and Loo, C.-E. (1992) *C'était "Marseille d'Abord": Les Années Defferre*, Paris: Robert Laffont.

Curtis, G.L. (1971) *Election Campaigning Japanese Style*, New York: Columbia University Press.

——— (1988) *The Japanese Way of Politics*, New York: Columbia University Press.

Dagnaud, M. and Mehl, D. (1988) *L'Élite Rose*, 2nd edn, Paris: Ramsay.

Dahl, R. A. (1966) *Political Oppositions in Western Democracies*, New Haven, CT: Yale University Press.

——— (1971) *Polyarchy: Participation and Opposition*, New Haven, CT: Yale University Press.

——— (1973) *Regimes and Opposition*, New Haven, CT: Yale University Press.

Defferre, G. (1965) *Un Nouvel Horizon: le Travail d'une Équipe*, Paris: Gallimard.

——— (1977) *Si Demain la Gauche* ... , Paris: Robert Laffont.

De Vries, M.S. (2000) "The Rise and Fall of Decentralization: A Comparative Analysis of Arguments and Practices in European Countries," *European Journal of Political Science*, 38(2): 193–224.

Diaz-Cayeros, A. (2006) *Federalism, Fiscal Authority, and Centralization in Latin America*, Cambridge: Cambridge University Press.

Documentation Française (1976a) *Décentraliser Les Responsabilités: Pourquoi? Comment?*, Paris: La Documentation Française.

——— (1976b) *Vivre Ensemble: Rapport de Développement des Responsabilités Locales*, Paris: La Documentation Française.

——— (1985) *La Décentralisation en Marche: Cahiers Français*, 220

Dreyfus, F. (1985) "Les Cabinets Ministériels: du Politique à la Gestion Administrative," in P. Birnbaum (ed.), *Les Élites Socialistes au Pouvoir 1981–1985*, Paris: Presses Universitaires de France.

Eaton, K. (2006) *Politics Beyond the Capital: The Design of Subnational Institutions in South America*, Stanford, CA: Stanford University Press.

Echange et Projets (1975) "La Décentralisation?" *Echange et Projets*, 6: 3–31.

——— (1977) *La Démocratie à la Portée de la Main*, Paris: Albin Michel.

Elder, N. and Gooderham, R. (1978) "The Centre Parties of Norway and Sweden," *Government and Opposition*, 13(2): 218–235.

Elder, N., Thomas, A.H. and Arter, D. (1982) *The Consensual Democracies? The Government and Politics of the Scandinavian States*, Oxford: Martin Robertson.

Elster, J. (1989a) *Nuts and Bolts for the Social Sciences*, Cambridge: Cambridge University Press.

——— (1989b) *The Cement of Society: A Study of Social Order*, Cambridge: Cambridge University Press.

Escoube, P. (1971) *Les Grands Corps de L'État*, Paris: Presses Universitaires de France.

Gourevitch, P. (1978) "Reforming the Napoleonic State: The Creation of Regional Governments in France and Italy," in S. Tarrow, P.J. Katzenstein, and L. Graziano (eds), *Territorial Politics in Industrial Nations*, New York: Praeger.

Grémion, P. (1976) *Le Pouvoir Périphérique: Bureaucrates et Notables dans le Système Politique Français*, Paris: Seuil.

Grémion, C. (1987) "Decentralization in France: A Historical Perspective," in G. Ross, S. Hoffmann and S. Malzacher (eds), *The Mitterrand Experiment*, New York: Oxford University Press.

Guichard, A. (1981) "Le projet de la décentralisation: Les sénateurs obtiennent de M. Defferre qu'il renonce à un statut particulier pour la Ville de Paris," *Le Monde*, November 14. (Page number is unknown.)

Guichard, A. (1981) "La décentralisation: M. Defferre répond à l'attente du Sénat, qui réclamait plus d'égards," *Le Monde*, November 20. (Page number is unknown.)

Guichard, A. (1981) "Au Sénat: Décentralisation: M. Defferre a tenu ses promesses pour Paris qui bénéficiera du droit commun," *Le Monde*, November 21. (Page number is unknown.)

Guichard, A. (1982) "Au Sénat: Le projet de décentralisation est adopté en seconde lecture," *Le Monde*, January 16. (Page number is unknown.)

Gunther, R., Sani, G. and Shabad, G. (1988) *Spain After Franco: The Making of a Competitive Party System*, Berkeley, CA: University of California Press.

Hall, P, A. (1993) "Policy Paradigms, Social Learning, and the State: The Case of Economic Policymaking in Britain," *Comparative Politics*, 25(3): 275–296.

Hauss, C. (1978) *The New Left in France*, Westport, CT: Greenwood Press.

Hayward, J. (1982) "Mobilising Private Interests in the Service of Public Ambitions: The Salient Element in the Dual French Policy Style?" in J.J. Richardson (ed.), *Policy Styles in Western Europe*, London: Allen & Unwin.

Heclo, H. (1978) "Issue Networks and the Executive Establishment," in A. King (ed.), *The New American Political System*, Washington, DC: American Enterprise Institute.

Hine, D. (1996) "Federalism, Regionalism and the Unitary State: Contemporary Regional Pressures in Historical Perspective," in C. Levy (ed.), *Italian Regionalism: History, Identity and Politics*, Oxford: Berg.

Huber, J. D. (1996) *Rationalizing Parliament: Legislative Institutions and Party Politics in France*, Cambridge: Cambridge University Press.

—— and Shipan, C.R. (2002) *Deliberate Discretion? The Institutional Foundations of Bureaucratic Autonomy*, Cambridge: Cambridge University Press.

Inglehart, R. (1971) "The Silent Revolution in Europe: Intergenerational Change in Post-Industrial Societies," *The American Political Science Review*, 65(4): 991–1017.

—— (1977) *The Silent Revolution: Changing Values and Political Styles Among Western Publics*, Princeton, NJ: Princeton University Press.

Jordan, G. (1990) "Sub-Governments, Policy Communities and Networks: Refilling the Old Bottles?" *Journal of Theoretical Politics*, 2(3): 319–338.

Journal Officiel de la République Française, édition des lois et décrets (1982) 114th year, 52, March 3. Paris: Secrétariat général du Gouvernement.

Katz, R. S. and Mair, P. (1995) "Changing Models of Party Organization and Party Democracy: The Emergence of the Cartel Party," *Party Politics*, 1(1): 5–28.

—— (2002) "The Ascendancy of the Party in Public Office: Party Organizational Change in Twentieth-

Century Democracies," in R. Gunther, J.R. Montero and J.J. Linz (eds), *Political Parties: Old Concepts and New Challenges*, Oxford: Oxford University Press.

Keating, M. (1988) *State and Regional Nationalism: Territorial Politics and the European State*, New York: Harvester Wheatsheaf.

——— and Hainsworth, P. (1986) *Decentralisation and Change in Contemporary France*, Aldershot: Gower.

Kenis, P. and Schneider, V. (1991) "Policy Networks and Policy Analysis: Scrutinizing a New Analytical Toolbox," in B. Marin and R. Mayntz (eds), *Policy Networks: Empirical Evidence and Theoretical Considerations*, Frankfurt: Campus Verlag.

Kesselman, M. (1967) *The Ambiguous Consensus: A Study of Local Government in France*, New York: Knopf.

——— (1970) "Overinstitutionalization and Political Constraint: The Case of France," *Comparative Politics*, 3(1): 21–44.

Kingdon, J. (1995) *Agendas, Alternatives, and Public Policies*, 2nd edn, New York: Longman.

Knapp, A. (1990) "Un Parti Comme les Autres: Jacques Chirac and the Rally for the Republic," in A. Cole (ed.), *French Political Parties in Transition*, Aldershot: Dartmouth.

——— and Wright, V. (2001) *The Government and Politics of France*, 4th edn, London: Routledge.

Lacorne, D. (1980) *Les Notables Rouges*, Paris: Presses de la Fondation Nationale des Sciences Politiques.

L'Année Politique Economique et Sociale en France 1982 (1983) Paris: Moniteur.

L'Année Politique Economique et Sociale en France 1985 (1986) Paris: Moniteur.

Leicester, G. (1999) "Scottish and Welsh Devolution," in R. Blackburn and R. Plant (eds), *Constitutional Reform: The Labour Government's Constitutional Reform Agenda*, London: Longman.

Leonardi, R., Nanetti, R.Y. and Putnam, R.D. (1981) "Devolution as a Political Process: The Case of Italy,"

Publius, 11: 95–118.

Levy, J. (1999) *Tocqueville's Revenge: State, Society, and Economy in Contemporary France*, Cambridge, MA: Harvard University Press.

Lochak, D. (1985) "La Haute Administration à l'Epreuve de l'Alternance: le Cas des Directeurs d'Administration Centrale," in P. Birnbaum (ed.), *Les Élites Socialistes au Pouvoir 1981–1985*, Paris: Presses Universitaires de France.

Loughlin, M. (2000) "Restructuring of Central-Local Government Relations," in J. Jowell and D. Oliver (eds), *The Changing Constitution*, 4th edn, Oxford: Oxford University Press.

Lowi, T. J. (1969) *The End of Liberalism: Ideology, Policy, and the Crisis of Public Authority*, New York: W.W. Norton.

Machin, H. (1977) *The Prefect in French Public Administration*, London: Croom Helm.

—— (1978) "All Jacobins Now? The Growing Hostility to Local Government Reform," *West European Politics*, 1(3): 133–150.

Marion, G. (1989) *Gaston Defferre*, Paris: Albin Michel.

Médard, J.-F. (1972) "La Recherche du Cumul de Mandats par les Candidates aux Élections Législatives sous la Ve République," in A. Mabileau (ed.), *Les Facteurs Locaux de la Vie Politique Nationale*, Paris: Pédone.

Mény, Y. (1974) *Centralisation et Décentralisation dans le Débat Politique Français (1945–1969)*, Paris: Librairie Générale de Droit et de Jurisprudence.

—— (1978) "Partis Politiques et Décentralisation," in Institut Français des Sciences Administratives (eds), *L'Administration Vue par les Politiques*, Paris: Cujas.

—— (1984) "Central Control and Local Resistance," in V. Wright (ed.), *Continuity and Change in France*,

London: George Allen & Unwin.

—— (1986) "The Political Dynamics of Regionalism: Italy, France, Spain," in R. Morgan (ed.), *Regionalism in European Politics*, London: Policy Study Institute.

Montero, A.P. and Samuels, D.J. (eds) (2004) *Decentralization and Democracy in Latin America*, Notre Dame, IN: University of Notre Dame Press.

Montero, J.R. and Gunther, R. (2002) "Introduction: Reviewing and Reassessing Parties," in R. Gunther, J.R. Montero and J.J. Linz (eds), *Political Parties: Old Concepts and New Challenges*, Oxford: Oxford University Press.

Nakano, K. (1998a) "Becoming a 'Policy' Ministry: The Organization and Amakudari of the Ministry of Posts and Telecommunications," *The Journal of Japanese Studies*, 24(1): 95–117.

—— (1998b) "The Politics of Administrative Reform in Japan, 1993–98: Toward a More Accountable Government?" *Asian Survey*, 38(3): 291–309.

—— (2000) "The Role of Ideology and Elite Networks in the Decentralization Reforms in 1980s France," *West European Politics*, 23(3): 97–114.

—— (2006) "'Democratic Government' and the Left," in R. Kersten and D. Williams (eds), *The Left in the Shaping of Japanese Democracy: Essays in Honour of J.A.A. Stockwin*, Abingdon: Routledge.

National Assembly (France) (1979) *Proposition de Loi Portant Décentralisation de l'Etat, 1557*, Paris: Assemblée Nationale.

Ohnet, J.-M. (1996) *Histoire de la Décentralisation Française*, Paris: Librairie Générale Française.

O'Neill, K. (2003) "Decentralization as an Electoral Strategy," *Comparative Political Studies*, 36(9): 1068–1091.

—— (2005) *Decentralizing the State: Elections, Parties, and Local Power in the Andes*, Cambridge: Cambridge

University Press.

Parti Socialiste (1981) *La France au Pluriel*, Paris: Entente.

Pelletier, E. (1958) "Grands Corps et Grands Commis: Le Corps Préfectoral," *Le Revue des Deux Mondes*, 23 (December): 385–398.

Peninou, J.L. (1981) "Le RPR part en guerre contre la loi Defferre," *Libération*, July 23 (Page number is unknown.)

Phlipponneau, M. (1967) *La Gauche et les Régions*, Paris: Calmann-Lévy.

Pierson, P. (2004) *Politics in Time: History, Institutions, and Social Analysis*, Princeton, NJ: Princeton University Press.

Pimlott, B. and Rao, N. (2002) *Governing London*, Oxford: Oxford University Press.

Pouvoirs Locaux (1992) 12, March: 33–43, Paris: Institut de la Décentralisation.

Premfors, R. (1998) "Reshaping the Democratic State: Swedish Experiences in a Comparative Perspective," *Public Administration*, 76: 141–159.

Putnam, R.D. (1993) *Making Democracy Work: Civic Traditions in Modern Italy*, Princeton, NJ: Princeton University Press.

Ravanel, J. (1984) *La Réforme des Collectivités Locales et des Régions*, Paris: Dalloz.

Reed, S.R. (1986a) *Japanese Prefectures and Policymaking*, Pittsburgh, PA: University of Pittsburgh Press.

——— (1986b) "The Changing Fortunes of Japan's Progressive Governors," *Asian Survey*, 26(4): 452–465.

Reydellet, M. (1979) "Le Cumul des Mandats," *Revue de Droit Public*, 3: 693–768.

Richardson, J.J. and Jordan, A.G. (1979) *Governing Under Pressure: The Policy Process in a Post-Parliamentary Democracy*, Oxford: Martin Robertson.

Riker, W, (1964) *Federalism: Origin, Operation, Significance,* Boston, MA: Little, Brown & Company.

Rocard, M. (1966) *Décoloniser la Province*, Paris: Bibliothèque de la Fondation Nationale des Sciences Politiques.

Rodden, J.A. (2006) *Hamilton's Paradox: The Promise and Peril of Fiscal Federalism*, Cambridge: Cambridge University Press.

——— , Eskeland, G.S. and Litvack, J. (eds) (2003) *Fiscal Decentralization and the Challenge of Hard Budget Constraints*, Cambridge, MA: The MIT Press.

Rokkan, S. (1966) "Norway: Numerical Democracy and Corporate Pluralism," in R.A. Dahl (ed.), *Political Oppositions in Western Democracies*, New Haven, CT: Yale University Press.

Rondin, J. (1985) *Le Sacre des Notables: la France en Décentralisation*, Paris: Fayard.

Rotelli, E. (1967) *L'Avvento della Regione in Italia*, Milan: Giuffré.

Samuels, Richard J. (1983) *The Politics of Regional Policy in Japan: Localities Incorporated?*, Princeton, NJ: Princeton University Press.

Schattschneider, E.E. (1975) *The Semisovereign People*, Hinsdale, IL: Dryden Press.

Scheiner, E. (2006) *Democracy Without Competition in Japan: Opposition Failure in a One-Party Dominant State*, New York: Cambridge University Press.

Schmidt, V.A. (1990) *Democratizing France: The Political and Administrative History of Decentralization*, Cambridge: Cambridge University Press.

Senate (France) (1978) *Projet de Loi pour Le Développement des Responsabilités des Collectivités Locales*, 187, Paris: Sénat.

Sharpe, L.J. (1979) "Decentralist Trends in Western Democracies: A First Appraisal," in L.J. Sharpe (ed.), *Decentralist Trends in Western Democracies*, London: Sage Publications.

Simmons, H. (1970) *French Socialists in Search of a Role 1956–1967*, Ithaca, NY: Cornell University Press.

Siwek-Pouydesseau, J. (1969) *Le Corps Préfectoral sous la Troisième et la Quatrième République*, Paris: Arman Colin.

Spotts, F. and Wieser, T. (1986) *Italy: A Difficult Democracy*, Cambridge: Cambridge University Press.

Steiner, K. (1965) *Local Government in Japan*, Stanford, CA: Stanford University Press.

——— (1980a) "Toward a Framework for the Study of Local Opposition," in K. Steiner, E.S. Krauss, and S.C. Flanagan (eds), *Political Opposition and Local Politics in Japan*, Princeton, NJ: Princeton University Press.

——— (1980b) "Progressive Local Administrations: Local Public Policy and Local-National Relations," in K. Steiner, E.S. Krauss, and S.C. Flanagan (eds), *Political Opposition and Local Politics in Japan*, Princeton, NJ: Princeton University Press.

Stockwin, J.A.A. (2000) "The Social Democratic Party (Formerly Japan Socialist Party): A Turbulent Odyssey," in R.J. Hrebenar (ed.), *Japan's New Party System*, Boulder, CO: Westview Press.

Suleiman, E.N. (1972) "Sur les Limites de la Mentalité Bureaucratique: Conflits des Rôles entre Cabinets Ministériels et Directeurs," *Sociologie du Travail*, 14(4): 388–409.

——— (1974) *Politics, Power, and Bureaucracy in France: The Administrative Elite*, Princeton, NJ: Princeton University Press.

——— (1981) "Administrative Reform and the Problem of Decentralization in the Fifth Republic," in W.G. Andrews and S. Hoffman (eds), *The Impact of the Fifth Republic on France*, Albany, NY: State University of New York Press.

Szücs, S. (1995) "Democratization and the Reorganization of the Welfare State," *The Annals, The American Academy of Political and Social Sciences*, 540: 105–117.

Thatcher, M. (1998) "The Development of Policy Network Analyses: From Modest Origins to Over-Arching

Frameworks," *Journal of Theoretical Politics*, 10(4): 389–416.

Thoenig, J.-C. (1987) *L'Ère des Technocrates: Le Cas des Ponts et Chaussées*, 2nd edn, Paris: L'Harmattan.

Treisman, D. (1999) *After the Deluge: Regional Crises and Political Consolidation in Russia*, Ann Arbor, MI: The University of Michigan Press.

—— (2007) *The Architecture of Government: Rethinking Political Decentralization*, Cambridge: Cambridge University Press.

Walker, D.B. (1991) "Decentralization: Recent Trends and Prospects from a Comparative Governmental Perspective," *International Review of Administrative Sciences*, 57: 113–129.

Ware, A. (1996) *Political Parties and Party Systems*, Oxford: Oxford University Press.

Watt, N., (2007) "Cameron makes 'progressive alliance' offer to Lib Dems", www.guardian.co.uk/politics/2007/dec/16/conservatives.liberaldemocrats, December 16.

Wibbels, E. (2005) *Federalism and the Market: Intergovernmental Conflict and Economic Reform in the Developing World*, Cambridge: Cambridge University Press.

Wilson, F. (1971) *The French Democratic Left, 1963–1969*, Stanford, CA: Stanford University Press.

Worms, J.-P. (1966) "Le Préfet et Ses Notables," *Sociologie du Travail*, 8(3): 249–275.

Wright, V. and Machin, H. (1975) "The French Regional Reforms of July 1972: a Case of Disguised Centralisation?," *Policy and Politics*, 3(3): 3–28.

あとがき

プリンストン大学における博士論文を大幅に書き換えた原著 *Party Politics and Decentralization in Japan and France: When the Opposition Governs* (Abingdon: Routledge, 2010) の日本語版として本書を刊行するに際して、この度、改めて自らの研究分析と向き合う機会を得て、政党政治に関する自分の問題意識が、意外なほどまでに今にそのまま通じていることを痛感した。

実際には、この間、二〇〇九年夏から二〇一二年末までの民主党政権という、本書が主題とした野党、政党間競争、政権交代に関わる重要な変化があったのだが、政権復帰を果たして六年を超える安倍晋三首相とその影響下で冷え込む言論や報道において、それは「悪夢」として否定され封印されている。

そのようなかで、日本の政党政治は一九九〇年代や二〇〇〇年代と比べてもいっそうバランスを失っており（フランスでもまた別の意味で、政党システムが原型を留めないほどまでに大きく変容したが）、私自身も市民社会の側から野党と連携し、その再生を通じて政党政治のバランスを回復しようとする取り組みに直接関わるようになっている。

本研究に専心していた頃は、自分が路上で抗議活動に参加したり、野党に働きかけ、選挙で支援したりするようになるとは夢にも思っていなかった。しかし、政治学の学派では制度論に立脚しながらも、政党や政治主体の重要性を説く点で、実は当時から我知らず野党や市民運動へのエールを送っていたのかもしれない。

長引く在野経験のなかで、リベラル左派勢力がいかに政府に対する市民社会の不満や欲求を汲み取り、野党間で連携しながら政権交代を射程に入れていくことができるかが大きな課題となっている今、本書が何かしら自由民主主義の立て直しのための示唆を与えることができることを願う。

本書の事例が明らかにしたのは、オポジションであること（つまり政権与党に反対し、厳しく対峙すること）と、政権与党に代わりうるオルタナティブとなることは矛盾しないし両立する、ということである。これは言い換えれば、ともすると「対決」か「対案」か、という二元論に陥りがちな日本における野党のあり方をめぐる論争そのものを退けるものである。政権与党の設定したアジェンダに乗ることを持って「対案」型というならば、そのような野党は永遠に政権の補完勢力に終わるだろう。むしろ明確に「対決」した上で、野党であることを踏まえて市民社会の声をすくいあげた別の政策アジェンダを「提案」することができてはじめて、野党《オポジション》はオルタナティブになりえる。

統一地方選挙から参議院選挙へとつづく選挙イヤーにあたる今年、市民と野党は立憲民主主義の再生を謳う政策プラットフォームを核として、政権交代に向けたムーブメントをつくることができるか。

本書の刊行は、人文書院の赤瀬智彦さんの熱意がなければ実現することはなかった。迷惑ばかりお掛けしてしまったのに、いつも根気よく叱咤激励してくださったことに、この場を借りて感謝申し上げます。

自分で日本語に翻訳する時間が取れない私に、赤瀬さんが推薦してくださった翻訳者が、中野真紀子さんだった。ニューヨークの非営利・独立報道番組であるデモクラシー・ナウ!のエイミー・グッドマンさんを上智大学に招聘する際にご一緒した縁を、奇しくもこのような形で新たにすることができたのは望外の喜びだった。これ以上の適任者はいないという、さすがに見事な翻訳に心よりお礼を申しあげます。有難うございました。中野さんの翻訳に私が加筆修正を行ったので、本書に何か至らないところがあれば、その責任は当然のことながら私にあることを申し添えます。

二〇一九年四月

中野晃一

【著者略歴】

中野晃一（なかの　こういち）

1970年生まれ。東京大学文学部哲学科、英国オックスフォード大学哲学・政治コース卒業。米国プリンストン大学で博士号（政治学）を取得。上智大学国際教養学部教授。現在は学部長。専門は比較政治学、日本政治、政治思想。主な著書に『戦後日本の国家保守主義——内務・自治官僚の軌跡』（岩波書店、2013）、『右傾化する日本政治』（岩波新書、2015）、『つながり、変える私たちの立憲政治』（大月書店、2016）、『私物化される国家——支配と服従の日本政治』（角川新書、2018）、『嘘に支配される日本』（共著、岩波書店、2018）ほか。

【訳者略歴】

中野真紀子（なかの　まきこ）

ニューヨークの独立放送局「デモクラシー・ナウ！」の日本語版グループ「デモクラシー・ナウ！ジャパン」代表。翻訳家。訳書にエドワード・サイード『ペンと剣』（クレイン、1998）、『遠い場所の記憶　自伝』（みすず書房、2001）、『バレンボイム／サイード　音楽と社会』（みすず書房、2004）、『オスロからイラクへ——戦争とプロパガンダ　2000-2003』（みすず書房、2005）、ノーム・チョムスキー『中東　虚構の平和』（講談社、2004）、『マニュファクチャリング・コンセント』（トランスビュー、2007）、ジミー・カーター『カーター、パレスチナを語る——アパルトヘイトではなく平和を』（共訳、晶文社、2008）ほか。

野党が政権に就くとき――地方分権と民主主義

二〇一九年五月三〇日　初版第一刷印刷
二〇一九年六月一〇日　初版第一刷発行

著　者――中野晃一
訳　者――中野真紀子
発行者――渡辺博史
発行所――人文書院
〒六一二‐八四四七
京都市伏見区竹田西内畑町九
電話　〇七五（六〇三）一三四四
振替　〇一〇〇〇‐八‐一一〇三
装　幀――間村俊一
印　刷――創栄図書印刷株式会社

ISBN978-4-409-24125-7
（落丁・乱丁本は小社郵送料負担にてお取替えいたします）